Jaime Miranda Zevallos

Vergleich der Modelle zum organisatorischen Lernen nach Senge und Zara

Diplomica® Verlag GmbH

Miranda Zevallos, Jaime: Vergleich der Modelle zum organisatorischen Lernen nach Senge und Zara, Hamburg, Diplomica Verlag GmbH 2009

ISBN: 978-3-8366-8359-3
Druck Diplomica® Verlag GmbH, Hamburg, 2009

Bibliografische Information der Deutschen Nationalbibliothek
Die Deutsche Nationalbibliothek verzeichnet diese Publikation in der Deutschen Nationalbibliografie; detaillierte bibliografische Daten sind im Internet über http://dnb.d-nb.de abrufbar.

Die digitale Ausgabe (eBook-Ausgabe) dieses Titels trägt die ISBN 978-3-8366-3359-8 und kann über den Handel oder den Verlag bezogen werden.

© Diplomica Verlag GmbH
http://www.diplomica-verlag.de, Hamburg 2009
Printed in Germany

Inhaltsverzeichnis

Abbildungsverzeichnis

Tabellenverzeichnis

1 Einleitung

Die hier vorliegende Arbeit beschäftigt sich mit der Theorie und Praxis zum organisationalen Lernen. Im zweiten Kapitel werden die Grundlagen der Theorie zum organisationalen Lernen beschrieben. Dafür werden die Begriffe Organisation, Lernen und Wissen erklärt und die Konstrukte organisationales Wissen, Wissensmanagement und organisationales Gedächtnis definiert, so dass ihre Bedeutung eindeutig in den folgenden Kapiteln bleibt. Im dritten Kapitel werden die Modelle zum organisationalen Lernen von *Peter Senge* und *Olivier Zara* beschrieben, um eine ausführliche spätere Analyse zu ermöglichen. Im vierten Kapitel werden die theoretischen Grundlagen der Modelle zum organisationalen Lernen behandelt. Die theoretischen Grundlagen wurden von *Vivienne Collinson* und *Tanya Fedoruk Cook* in ihrem Buch zum organisationalen Lernen nach der Analyse der bedeutendste Theoretiker dieser Branche identifiziert.

Die empirischen Richtlinien der Modelle von *Senge* und *Zara* werden im fünften Kapitel behandelt. Dafür werden die von *Collinson* und *Cook* identifizierten Richtlinien als Leitfaden benutzt, denn sie aus der Analyse von empirischen und theoretischen Werke zu diesem Thema abgeleitet wurden. Schließlich werden im sechsten Kapitel die gefundenen Ähnlichkeiten und Unterschiede zwischen den Modellen angezeigt.

2 Grundlagen

Der Ausdruck ‚organisationales Lernen' ist ein Überbegriff, der für die Bezeichnung der Begriffe „organisatorisches Lernen", „Organisationslernen" und in manchen Fällen für „lernende Organisation" benutzt wird. All diese Begriffe haben gemeinsam, dass sie sich auf das Lernen von Organisationen als Entitäten beziehen.[1] Dieses Lernen wird als ein Prozess betrachtet, der drei Effekte innerhalb der Organisation verursacht: die Veränderung ihrer Wissensbasis, die Verbesserung ihrer Problemlösungs- und Handlungskompetenzen und die Veränderung des gemeinsamen Bezugsrahmens von und für ihre Mitglieder.[2] Das Ziel dieses Prozesses ist die Optimierung der Leistung der Organisation.[3]

Der Anbruch des Wissenszeitalters (engl. *knowledge era*) hat die industrielle Ära und ihre damit verbundenen Prinzipien der Arbeitsteilung abgelöst.[4] Diese Veränderungen haben ein Umfeld von wachsender Komplexität und zunehmender Dynamik erzeugt, in dem die alten industriellen Prinzipien die neuen Anforderungen nicht erfüllen können.[5] Aufgrund dieser Situation haben Industrie- und Betriebsorganisationen verstanden, dass ihr Überleben von der Schaffung neuen Wissens, Innovationen und Betriebsarten abhängig ist.[6] Diese Anpassungsfähigkeit an die Umgebung, die jedes lebende System be-

---

[1] Vgl. *Klimecki, R./ Thomae, M.*, 1997, S. 1 f; auch *Herndon, C.*, 2006, S. 3.

[2] Vgl. *Probst, G./ Büchel, B.*, 1998, S. 17.

[3] Vgl. *Argyris, C./ Schön, D.*, 1999, S. 19; auch *Jones, P.*, 2001, S. 306.

[4] Vgl. *Bertels, T.*, 2008, S. 49.

[5] Vgl. *Nonaka, I./ Takeuchi, H.*, 1995, S. 6 f; auch *Bertels, T.*, 2008, S. 50.

[6] Vgl. *Nonaka, I./ Takeuchi, H.*, 1995, S. 6 f; auch *Collinson, V./ Cook, T.*, 2007, S. 4.

sitzt, erklärt den Sinn des organisationalen Lernens: „die Fähigkeit, die es Systemen ermöglicht, relevante Veränderungen ihres Umfelds umzusetzen."[7] Dieser Festlegung ist
zu entnehmen, dass eine Organisation „niemals den Zustand einer „fertigen" lernenden
Organisation erreichen kann."[8]

Die Diskussion zum organisationalen Lernen setzte 1963 durch *Cyert* und *March* ein.[9]
In ihrer Theorie der organisationalen Wahlakte und Kontrolle merkten sie schon, dass
Organisationen im Laufe der Zeit ein adaptives Verhalten zeigen, dadurch ihre Ziele
ändern, ihre Aufmerksamkeit verlagern und ihre Suchverfahren revidieren.[10] Nach den
Theorien von *Cyert* und *March* haben sich viele andere Autoren mit dem Thema beschäftigt, ohne einen klaren Konsens über die Bedeutung oder die grundlegende Natur
des Begriffs „organisationales Lernen" zu erreichen.[11] In der Literatur über das Lernen
in Organisationen können zwei Branchen erkannt werden, die eine Lücke zwischen
Theorie und Praxis widerspiegeln: die Lernende-Organisation-Branche und die Organi-
sationales-Lernen-Branche.[12] Die erste Branche ist hauptsächlich "präskriptiv, praxisorientiert, wertverpflichtet, manchmal messianisch und weitgehend unkritisch".[13] Die
zweite Branche behandelt das Lernen in Organisationen als „ein wissenschaftliches For-
schungsobjekt, ...[und Sie] neigt zur Praxisferne, zur Skepsis gegenüber den Behaup-
tungen der ersten Gruppe, schreibt nichts vor und ist hinsichtlich ihrer Definition des
Lernens neutral".[14]

Vor einer Vertiefung im organisationalen Lernen wird die Bedeutung der Begriffe
Organisation und Lernen innerhalb des Zusammenhangs dieser Arbeit begrenzt werden.

---

[7] *Bertels, T.*, 2008, S. 54.

[8] ebd., S. 54.

[9] Vgl. *Klimecki, R./ Thomae, M.*, 1997, S. 3; auch *Easterby-Smith, M./ Lyles, M.*, 2007, S. 9; auch
Škerlavaj, M./ Dimovski, V., 2007, S. 46.

[10] Vgl. *Cyert, R./ March, J.*, 1995, S. 164 f.

[11] Vgl. *Crossan, M./ Lane, H./ White, R.*, 1999, S. 522.

[12] Vgl. *Argyris, C./ Schön, D.*, 1999, S. 10 f; auch *Collinson, V./ Cook, T.*, 2007, S. 6; auch *Easterby-
Smith, M./ Lyles, M.*, 2007, S. 2.

[13] Vgl. *Argyris, C./ Schön, D.*, 1999, S. 10 f.

[14] Vgl. ebd. 10 f.

2.1 Organisation

Organisationen sind schwer zu erkennen, weil sie im Alltag eingebunden sind.[15] Im Grunde genommen handelt es sich um ein empirisches Phänomen, das viele Aspekte der Gesellschaft betrifft. Dies macht seine Bedeutung vielfältig, weil es von verschiedenen Branchen der Wissenschaft mit unterschiedenen Betonungen gebraucht wird.[16] Die Betriebswirtschaftslehre sieht Organisationen als soziale Einheiten, die

- zielgerichtet sind

- absichtlich als strukturierte und koordinierte Aktivitätssysteme gestaltet sind und

- mit ihrer Umgebung verbunden sind.[17]

Voraussetzung für die Entstehung einer Organisation ist, dass die Organisationsmitglieder die folgenden drei Bedingungen erfüllen:

- vereinbarte Maßnahmen ausdenken, um Entscheidungen im Namen der Gesamtheit treffen zu können;

- Einzelnen die Vollmacht geben, für die Gesamtheit zu handeln; und

- Grenzen zwischen der Gesamtheit und der übrigen Welt festlegen.[18]

Mit der Erfüllung der drei Bedingungen kann sich eine Gemeinschaft als Organisation erkennen und wird gleichzeitig in die Lage versetzt, Entscheidungen zu treffen und diese in Handlungen umzusetzen.[19]

2.2 Lernen

Die Forschung des organisationalen Lernens basiert auf den Grundlagen der Forschung auf der individuellen Ebene des Lernens, die grundsätzlich von den psychologischen Studien des menschlichen Verhaltens stark beeinflusst wurde.[20] Definitionen zu dem

---

[15] Vgl. *Daft, R.*, 2007, S. 10.

[16] Vgl. *March, J./ Simon, H.*, 1993, S. 20 – 24.

[17] Vgl. *Daft, R.*, 2007, S. 10.

[18] Vgl. *Argyris, C./ Schön, D.*, 1999, S. 24.

[19] Vgl. ebd, S. 24.

[20] Vgl. *Shrivastava, P.*, 1983, S. 8.

Begriff „Lernen" gibt es auch viele und in verschiedenen Branchen der Wissenschaft. Nach *Lefrançois* umfasst das Lernen:

> *„Alle relativ dauerhaften Veränderungen im Verhaltenspotenzial, die aus Erfahrung resultieren, aber nicht durch Müdigkeit, Reifung, Drogengebrauch, Verletzung oder Krankheit verursacht sind. Strenggenommen wird Lernen natürlich nicht durch tatsächliche oder potenzielle Verhaltensänderungen definiert. Stattdessen ist Lernen das, was im (menschlichen oder nichtmenschlichen) als Resultat von Erfahrung geschieht. Verhaltensänderungen sind lediglich Belege dafür, dass Lernen stattgefunden hat.* "[21]

In folgender Abbildung wird die Definition von *Lefrançois* dargestellt:

Erfahrung	Lernen	Verhaltensänderung
Kontakt mit, Teilnahme an externalen oder internalen Ereignissen, für die der Organismus sensitiv ist.	Alle relativ dauerhaften Veränderungen des Potentials für Verhalten, die aus Erfahrung resultieren, aber nicht durch Müdigkeit, Reifung, Drogengebrauch, Verletzung oder Krankheit verursacht sind.	Tatsächliche oder potenziell beobachtbare Veränderungen infolge von Erfahrung, die Belege dafür liefern, dass Lernen stattgefunden hat.

Abbildung 2.1: Definition von Lernen.
Quelle: *Lefrançois, G.*, 2006, S. 7.

Zimbardo und *Gerrig* definieren das Lernen als „ein[en] Prozess, der [aus] relativ konsistenten Veränderungen des Verhaltens oder des Verhaltenspotenzials resultiert und .. auf Erfahrung [basiert]".[22] Diesen Definitionen lässt sich entnehmen, dass das Lernen vier Haupteigenschaften hat:

- Lernen ist ein Prozess. Dieser Prozess bezeichnet den Vorgang einer Veränderung.

- Lernen ist das Ergebnis der Erfahrung. Reine Reifungs- und Entwicklungsprozesse, die auch zu langfristigen Veränderungen führen können, werden damit von der Definition ausgeschlossen.

---

[21] *Lefrançois, G.*, 2006, S. 6.

[22] Vgl. *Zimbardo, P./ Gerrig, R.*, 2008, S. 192 f.

6

- Lernen bedeutet relativ langfristige Veränderungen. Kurzfristige Veränderungen, beispielsweise durch Ermüdung hervorgerufen werden, werden nicht als Lernen erkannt.

- Lernen hat Verhaltenspotenzial. Das Lernen zeigt sich in der Regel nicht bei der ersten Gelegenheit, sondern nur wenn es gebraucht wird.

In der Lerntheorie gibt es drei allgemein akzeptierte Paradigmen, die das Lernen mit psychologischen Theorien zu beschreiben versuchen: Behaviorismus, Kognitivismus und Konstruktivismus.[23] Die Ansätze jedes Paradigmas werden in der folgenden Tabelle beschrieben:

Kategorie	Behaviorismus	Kognitivismus	Konstruktivismus
Hirn ist ein	passiver Behälter	informationsverarbeitendes „Gerät"	informationell geschlossenes System
Wissen wird	abgelagert	verarbeitet	konstruiert
Wissen ist	eine korrekte Input-Outputrelation	ein adäquater interner Verarbeitungsprozess	mit einer Situation operieren zu können
Lernziele	richtige Antworten	richtige Methoden zur Antwortfindung	komplexe Situation bewältigen
Paradigma	Stimulus-Response	Problemlösung	Konstruktion
Strategie	lehren	beobachten und helfen	kooperieren
Lehrer ist	Autorität	Tutor	Coach, (Spieler) Trainer
Feedback	extern vorgegeben	extern modelliert	intern modelliert

Tabelle 1: Lernparadigmen.
Quelle: *Baumgartner, P./ Payr, S.*, 1994, S. 110.

Im Behaviorismus wird der Lernende als *Black-Box* gesehen, der einen Reiz erhält und darauf deterministisch reagiert. Dafür ist das Lernen ein konditionierter Reflex, der durch Adaption erworben wird.[24] Der Kognitivismus fokussiert sich auf die inneren mentalen Vorgänge des Lernenden, der von außen kommende Informationen entsprechend reflektiert. Hier wird der Mensch als ein sich selbst steuerndes, reflexives Subjekt betrachtet, das in der Lage ist, sich mit der Umwelt auseinanderzusetzen. Der Lernpro-

---

[23] Vgl. *Baumgartner, P./ Payr, S.*, 1994, S. 100.

[24] Vgl. ebd, S. 101 f.

zess ist die Aufnahme und aktive Weiterverarbeitung von Wissen.[25] Für den Konstruktivismus ist das Lernen ein aktiver „Konstruktionsprozess", bei dem Menschen laufend Wirklichkeitsvorstellungen in Beziehung zu ihren früheren Erfahrungen in komplexen realen Lebenssituationen setzen.[26]

Im organisationalen Lernen haben die Forscher verschiedene Modelle vorgeschlagen, die das Lernen in Unternehmen erklären, und in manchen Fällen treffen die Lernparadigmen auf die individuelle Ebene zu. Einige der bedeutendsten Modelle des organisationalen Lernens werden nachstehend aufgeführt.

Cyert und *March* – 1963

Sie entwickelten eine Theorie der organisationalen Wahlakte und Kontrolle, die aus vier Grundlagen besteht[27]:

- Eine Organisation hat mehrere, sich ändernde Ziele. Wenn es zur Auswahl einer Alternative kommt, wird eine gewählt, die die Ziele der Koalition erfüllt.

- Falls mehrere Alternativen vorhanden sind, erfolgt eine sequenzielle Betrachtung, bis die erste zufrieden stellende Alternative gefunden wird.

- Durch die Implementierung von gewohnten Verfahren versucht die Organisation Unsicherheiten zu minimieren.

- Für den Entscheidungsfindungs- und Implementierungs-Prozess werden standardisierte Verfahren und Faustregeln verwendet.

Argyris und *Schön* – 1978

In ihrem Werk erkannten *Argyris* und *Schön* zwei Lernarten, die innerhalb einer Organisation zu finden sind: Einschleifen- und Doppelschleifen-Lernen.[28]

- Als Einschleifen-Lernen wird Lernen verstanden, das die Handlungsstrategien und Annahmen einer Organisation ändert, ohne die Wertvorstellungen einer Handlungstheorie zu modifizieren. Die Änderung der Handlungsstrategien und

---

[25] Vgl. *Baumgartner, P./ Payr, S.*, 1994, S. 103 ff.

[26] Vgl. ebd, S. 107.

[27] Vgl. *Cyert, R./ March, J.*, 1995, S. 130.

[28] Vgl. *Argyris, C./ Schön, D.*, 1999, S. 35.

Annahmen soll bewirken, dass die Leistung der Organisation - im Rahmen ihrer Wertvorstellungen und Normen - unverändert bleibt. [29]

- Doppelschleifen-Lernen ist nach *Argyris* und *Schön* das Lernen, das eine Änderung der Wertvorstellungen sowohl der Handlungsstrategien als auch der Annahmen verursacht. Diese Änderung ergibt Erkenntnisse, Prioritäten und umgestaltete Normen, die in der „Erinnerung" der Organisation als Bilder, Diagramme und Programme gespeichert werden.[30]

Fiol und *Lyles* – 1985

Das Modell von *Fiol* und *Lyles* besteht aus zwei Lernstufen (engl. *levels of learning*): hochstufiges Lernen (engl. *lower-level learning*) und niederstufiges Lernen (engl. *higher-level learning*).[31]

- Das niederstufige Lernen ist ein Produkt der Wiederholung und Routine innerhalb der organisationalen Struktur. Durch die Übung auf dieser Lernstufe wird eine rudimentäre und kurzfristige Verbindung zwischen Verhalten und Ergebnis geschaffen, die nur einen Teil der Organisation betrifft.[32]

- Das hochstufige Lernen ist, im Gegensatz zum niederstufigen Lernen, nicht das Ergebnis der Wiederholung eines Verhaltens. Sein Ziel ist die Schaffung allgemeiner und langfristiger Regeln, die für die gesamte Organisation gelten.[33]

Dodgson – 1991

1991 entwickelte *Mark Dodgson* seine Hypothesen über das technologische Lernen in Unternehmen. In seiner Arbeit sind zwei Lernarten zu unterscheiden: taktisches und strategisches Lernen.[34]

- Das taktische Lernen hat eine sofortige Problemlösungsnatur. Das Ziel des Lernens ist erkennbar und sein Zeitraum kurz und vorgeschrieben.[35]

---

[29] Vgl. *Argyris, C./ Schön, D.*, 1999, S. 35 f..

[30] Vgl. ebd, S. 40.

[31] Vgl. *Fiol, M./ Lyles, M.*, 1985, S. 806.

[32] Vgl. ebd, S. 807.

[33] Vgl. ebd, S. 808.

[34] Vgl. *Dodgson, M.*, 1991, S. 139.

[35] Vgl. ebd, S. 139 f..

- Das strategische Lernen umfasst die Entwicklung von Fähigkeiten und Kompetenzen, die die Grundlagen zur Lösung von künftigen Projekten schaffen.[36]

In der folgenden Tabelle werden die oben genannten Modelle zum organisationalen Lernen mit den Modellen der Lerntheorie verglichen.

	Behaviorismus	**Kognitivismus**	**Konstruktivismus**
Cyert und March	Theorie der organisationalen Wahlakte und Kontrolle		
Argyris und Schön	Einschleifen-Lernen	Doppelschleifen-Lernen	
Fiol und Lyles	Niederstufiges Lernen	Hochstufiges Lernen	
Dodgson	Taktisches Lernen	Strategisches Lernen	

Tabelle 2: Vergleich der Lerntheorien mit einigen Modellen zum organisationalen Lernen.
Quelle: Eigene Darstellung in Anlehnung an *Baumgartner, P./ Payr, S.*, 1994, S. 103; *Cyert, R./ March, J.*, 1995, S. 130; *Argyris, C./ Schön, D.*, 1999, S. 35 – 40; *Fiol, M./ Lyles, M.*, 1985, S. 806 f.; *Dodgson, M.*, 1991, S. 139 f.

Die Theorie zum organisationalen Lernen geht davon aus, dass nicht nur die Organisationsmitglieder lernen können, sondern die gesamte Organisation lernfähig ist.[37] Nichtsdestotrotz ist das Lernen auf der organisationalen Ebene nicht nur die Summe des Lernens eines jeden Organisationsmitgliedes; folglich ist es unzureichend, dass die einzelnen Mitglieder der Organisation lernen, um Lernen auf der organisationalen Ebene zu schaffen.[38] Eine Organisation lernt, indem sie sich Informationen (Wissen, Verständnis, Know-how, Techniken oder Praktiken) aneignet. In diesem Sinne können alle Organisationen lernen, wenn sie ihren Informationsstand erweitern.[39] Dies geschieht, wenn „[die von ihren Mitgliedern gesammelten] Erfahrungen ständig überprüft werden und in ein allgemein zugängliches Wissen übertragen werden, das für den Hauptzweck der Organisation relevant ist."[40] Ein allgemeines Schema für das organisationale Lernen haben von *Argyris* und *Schön* entworfen. Es wird in der folgenden Abbildung dargestellt.

---

[36] Vgl. *Dodgson, M.*, 1991, S. 140.

[37] Vgl. *Fiol, M./ Lyles, M.*, 1985, S. 803; auch *Argyris, C./ Schön, D.*, 1999, S. 20 ff.

[38] Vgl. *Fiol, M./ Lyles, M.*, 1985, S. 804; auch *Argyris, C./ Schön, D.*, 1999, S. 22.

[39] Vgl. *Argyris, C./ Schön, D.*, 1999, S. 19.

[40] *Senge, P. u.a.*, 2008, S. 55.

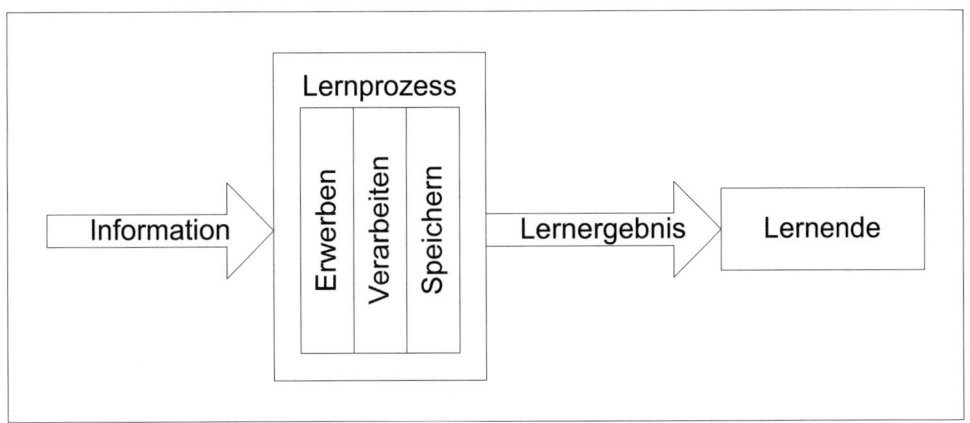

Abbildung 2.2 Das allgemeine Schema für das organisationale Lernen.
Quelle: Eigene Darstellung in Anlehnung an *Argyris, C./ Schön, D.*, 1999, S. 19.

Nach diesem Schema wird immer ein Informationsgehalt benötigt, um einen Lernprozess zu starten, dieser besteht darin, Informationen zu erwerben, zu verarbeiten und zu speichern. Das Lernergebnis des Prozesses wird einem Lernenden zugeschrieben.[41] Dieses Schema ist trotzdem unvollständig, weil es die Beziehung zwischen Lernen, Wissen und Gedächtnis nicht zeigt. Eine Erklärung der Beziehung zwischen diesen drei Elementen ist unabdingbar, weil sie voneinander abhängig und Bestandteile eines einzigen Systems von Ideen über Organisationen und ihre Wissensprozesse sind.[42]

2.3 Wissen

Es entsteht eine Konfusion hinsichtlich der Begriffe „Lernen" und „Wissen", denn das Lernen wird oft im Sinne von Wissensprozess definiert.[43] Eine vollständige Definition des Begriffs „Wissen" muss seine zweiseitige Natur betrachten, die mit Hilfe zweier Ansätze erklärt wird.[44]

Der erste und herrschende Ansatz zum Begriff „Wissen" ist positivistisch und betrachtet das Wissen als eine „mit Erklärung verbundene richtige Vorstellung".[45] [46] In diesem Sinne besteht das Wissen aus diskreten und übertragbaren Granulaten von Verständnis

---

[41] Vgl. *Argyris, C./ Schön, D.*, 1999, S. 19.

[42] Vgl. *Spender, J-C.*, 1996, S. 66; auch *Lehner, F.*, 2000, S. 212.

[43] Vgl. *Vera, D./ Crossan, M.*, 2007, S. 128 f.

[44] Vgl. *Spender, J-C.*, 1996, S. 63 – 67; auch *Vera, D./ Crossan, M.*, 2007, S. 123 – 127.

[45] *Nonaka, I./ Takeuchi, H.*, 1997, S. 70.

[46] Engl. „justified true belief".

über die Realität, die aus einem vorhandenen Wissensstapel hinzugefügt werden können. Im Grunde genommen wird das Wissen als ein Gut betrachtet, das erworben werden kann.[47] Zwei Konstrukte stammen von diesem Ansatz: das implizite und das explizite Wissen. Implizites Wissen (engl. *tacit knowledge*) ist „das Wissen eines Individuums, das nicht oder nur teilweise kommunizier- oder artikulierbar ist und das Wissen umfasst, das ein Individuum aufgrund seiner Erfahrung, Entwicklung, Vita, seiner Tätigkeit und durch Lernen als Wissen erfährt.“[48] Das explizite Wissen (engl. *explicit knowledge*) ist im Gegenteil „kommunizier- oder artikulierbar und bedeutet in aller Regel expliziertes implizites Wissen.“[49]

Der konstruktivistische Ansatz bedeutet, dass das Wissen vom Handeln nicht getrennt werden kann und dafür muss es als eine Aktivität anstatt ein Gut betrachtet werden. Dann besteht das Wissen aus theoretischen Feststellungen, deren Bedeutung und praktische Auswirkungen abhängig von ihrer Anwendung in einem Framework sind.[50] Durch diese Aktivität kann mit der sozialen und physischen Umwelt interagiert werden.[51]

2.4 Organisationales Wissen

Organisationales Wissen (engl. *organizational knowledge*) ist eine Theorie, die das Wissen als eine Wettbewerbsvorsprung erschaffende Ressource betrachtet und sich mit den notwendigen Prozessen für das Management des Wissens beschäftigt.[52]

Organisatorisches Wissen ist auch ein Konstrukt, das die „jegliche Kenntnisse [umfasst], die der Organisation momentan zur Lösung von Fragestellungen zur Verfügung stehen.“[53] Dabei muss organisationales Wissen drei Kriterien genügen:

- Kommunizierbarkeit, d. h., Organisationsmitglieder müssen das Wissen verstehen können;

---

[47] Vgl. *Spender, J.-C.*, 1996, S. 64.

[48] *Bäppler, E.*, 2008, S. 13.

[49] ebd, S. 14.

[50] Vgl. *Spender, J.-C.*, 1996, S. 64.

[51] Vgl. *Spender, J.-C.*, 1996, S. 64; auch *Vera, D./ Crossan, M.*, 2007, S. 125 – 126.

[52] Vgl. *Vera, D./ Crossan, M.*, 2007, S. 127.

[53] *Oberschulte, H.*, 1994, S. 62.

- Validität, d. h., Organisationsmitglieder müssen das Wissen als gültig und nütz-lich anerkennen; und

- Integriertheit, d. h., das Wissen muss sich mit anderen *„action-outcome relationships"* verknüpfen lassen.[54]

Wenn diese drei Kriterien erfüllt werden, kann das organisatorische Wissen zum Be-standteil der Wissensbasis werden, sofern die Wissensveränderungen über soziale Inter-aktionsprozesse kommuniziert, akzeptiert und legitimiert werden.[55] In diesem Sinne ist die Wissensbasis „die Gesamtheit des kooperativ vermittelten Wissens und Könnens innerhalb der Organisation".[56]

2.5 Wissensmanagement

Wissensmanagement ist ein präskriptiver Bereich der organisatorischen Wissenstheorie, das zu erklären versucht, „wie das in einer Organisation auf Wissensträger verteilte Wissen organisationsweit bereitgestellt, nutzbar und speicherbar gemacht werden kann."[57]. Es lassen sich zwei Sichtweisen von den verschiedenen Definitionen des Beg-riffes „Wissensmanagement" ableiten. Die erste ist eine technikorientierte Ansicht und geht davon aus, dass eine vorhandene organisatorische Wissensbasis existiert, die mit-tels IT-Technologien bearbeitet, erweitert und gespeichert werden kann. Aufgabe des Wissensmanagements ist die technische Unterstützung der Organisationsmitglieder bei der Informationsverarbeitung. Die zweite Denkweise ist humanorientiert; für sie gilt der Mensch als Wissensträger und deshalb müssen seine kognitiven und kommunikativen Fähigkeiten zur Wissensarbeit unterstützt werden. Der Fokus eines humanorientierten Wissensmanagements liegt auf der Unterstützung der Organisationsmitglieder durch entsprechende Maßnahmen, so dass sie ihre Kenntnisse und Fähigkeiten entfalten kön-nen, damit die Organisation sie nutzen kann.[58]

---

[54] Vgl. *Bäppler, E.*, 2008, S. 21.

[55] Vgl. ebd., S. 21.

[56] Vgl. ebd., S. 21.

[57] Vgl. ebd., S. 41.

[58] Vgl. ebd., S. 43.

2.6 Organisationales Gedächtnis

Das Gedächtnis ist „ein System von Fähigkeiten, um Wahrgenommenes, Erlebtes oder Erfahrenes über die zeitliche Dauer des aktuellen Geschehens hinaus zu speichern und zu einem späteren Zeitpunkt wieder abrufen zu können".[59] Auf der organisationalen E-bene bedeutet der Begriff „organisationales Gedächtnis" (engl. *organizational memory*), dass sowohl Organisationsmitglieder als auch organisationale Strukturen, Routinen und Technologien über Wissen verfügen bzw. Wissen enthalten, das zum Abruf bereit-steht.[60]

---

[59] *Lehner, F.*, 2000, S. 92.

[60] Vgl. *Lehner, F.*, 2000, S. 92; auch *Argote, L.* 2006, S. 149.

3 Modelle

3.1 Lernende Organisationen nach Peter Senge

Senge definiert eine lernende Organisation als eine Organisation, in der Menschen kontinuierlich die Möglichkeit erhalten, ihre wahren Ziele zu verwirklichen; in der neue Denkformen und gemeinsame Hoffnung freigesetzt werden; in der Menschen lernen, miteinander zu lernen.[61] Solche Organisationen ergeben sich als Resultat eines dauerhaften Änderungsprozesses.[62]

Für *Senge* ist es notwendig, dass eine Organisation sich in eine lernende Organisation umwandelt, denn ihre Umgebung wird ständig dynamischer und komplexer, so dass es nicht mehr möglich sein wird, dass eine einzelne Person stellvertretend für die gesamte Organisation lernt, wie es bis jetzt in den meisten Organisationen geschieht. In diesem Sinne fördert *Senge* ein neues Führungsmodell, das das Engagement und das Lernpotenzial auf allen Ebenen einer Organisation erschließt.[63]

Senge hält dieses neue Modell für machbar, weil das Lernen in der menschlichen Natur liegt und die Bedeutung der Arbeit durch die Entwicklung der Industriegesellschaft sich substanziell gewandelt hat, so dass die Arbeit nicht mehr als Instrument für einen materiellen Zweck gilt, sondern als Mittel zum Erreichen der höheren Ziele des Menschen.[64]

---

[61] Vgl. *Senge, P.*, 2008, S. 6 - 11.

[62] Vgl. *Senge, P.*, 2006, S. XVI f. und *Senge, P.*, 2008, S. 11.

[63] Vgl. *Senge, P.*, 2008, S. 11.

[64] Vgl. ebd., S. 12 f.

Für die Veränderung des aktuell herrschenden Managementmodells schlägt *Senge* die Ausübung von fünf Lerndisziplinen vor, die drei Fertigkeiten und Fähigkeiten entfalten werden.[65] Diese Fertigkeiten und Fähigkeiten werden es den Organisationen erlauben, sich an die ständig sich ändernden Realitäten anzupassen, die Herausforderung der Nachhaltigkeit zu adressieren, ihre Energien und Ressourcen in Innovationen zu konzentrieren, sich entsprechend den Bedürfnissen einer vernetzten Struktur zu adaptieren und eine wertbasierte Managementkultur zu entwickeln.[66]

3.1.1 Das Modell

Das Modell von *Senge* besteht aus drei Konstrukten: die fünf Disziplinen, ein Lernzyklus und eine Architektur. Die fünf Disziplinen wurden in seinem Buch „*Die fünfte Disziplin*" beschrieben. Der Lernzyklus und die Architektur erschienen in „*Das Fieldbook zur Fünften Disziplin*" vier Jahre danach und dienen als das empirische Element für die Implementierung der fünf Disziplinen.

3.1.1.1 Die Fünf Disziplinen

Eine lernende Organisation wird nur durch einen dauerhaften Prozess geschaffen.[67] Der Prozess startet mit der Ausübung von fünf Disziplinen.[68]

Personal Mastery

Personal Mastery ist die Disziplin der Selbstführung und Persönlichkeitsentwicklung, die die Fähigkeit der Menschen erweitert, ihre wahren Ziele zu realisieren.[69] Sie basiert auf der Entwicklung einer persönlichen Vision und der kontinuierlichen deutlichen Wahrnehmung der Realität.[70] Diese Verhaltensweisen erzeugen kreative Spannung, eine Kraft, die die beiden zusammenbringen will. Die Essenz dieser Disziplin liegt in der Schaffung und Erhaltung der kreativen Spannung das ganze Leben hindurch.[71]

---

[65] Vgl. *Senge, P.*, 2006, S. XII f.

[66] Vgl. ebd., S. XVI f.

[67] Vgl. ebd., S. XVIII.

[68] Vgl. ebd., S. XII.

[69] Vgl. ebd., S. 173.

[70] Vgl. ebd., S. 174.

[71] Vgl. ebd., S. 174.

Mentale Modelle

Mentale Modelle sind entweder die kognitiven Karten der Umgebung, die die Menschen langfristig in ihrem Gedächtnis speichern, oder die kurzfristigen Wahrnehmungen, die als Teil der alltäglichen Denkprozesse aufgebaut werden.[72] Die Disziplin der mentalen Modelle beschäftigt sich mit der Überprüfung und Erkennung der inneren Bilder vom Wesen der Dinge, so dass sie nicht zu kontraproduktiven Aktionen führen, wenn sie nicht mit der Realität übereinstimmen.[73] Die Fähigkeiten der Reflexion und Erkundung werden gefördert, um die Arbeit mit mentalen Modellen durchzuführen. Durch die Reflexion werden Denkprozesse verlangsamt, so dass erkannt werden kann, wie die mentalen Modelle entwickelt werden. Die Erkundung bedeutet Gespräch, das einem offenen Meinungsaustausch dient, damit mehr über die Annahmen anderer erfahren werden kann.[74]

Gemeinsame Vision

Eine gemeinsame Vision ist eine Vision, der sich viele Menschen wahrhaft verschrieben haben, weil sie ihre eigene persönliche Vision widerspiegelt.[75] Diese Vision erzeugt eine Kraft, die die Einzelnen durch ein Gemeinschaftsgefühl bündelt und gleichzeitig das menschliche Bedürfnis bedient, kollektiv an einer wichtigen Aufgabe zu arbeiten.[76] Die Entwicklung der gemeinsamen Vision beginnt mit der Entwicklung der persönlichen Visionen der Einzelnen.[77] Mittels Kommunikation und Interaktionen auf vielen Ebenen der Organisation fördern die Führungskräfte, dass andere an der gemeinsamen Vision teilhaben. Wenn die Organisationsmitglieder von der Bedeutung der gemeinsamen Vision überzeugt sind, werden sie mit Engagement und Einwilligung folgen.[78]

---

[72] Vgl. *Senge, P. u. a.*, 2008, S. 273.

[73] Vgl. *Senge, P.*, 2008, S. 213 – 216.

[74] Vgl. *Senge, P. u. a.*, 2008, S. 273.

[75] Vgl. *Senge, P.*, 2008, S. 252.

[76] Vgl. ebd., S. 252 – 252.

[77] Vgl. ebd., S. 258.

[78] Vgl. ebd., S. 262 f.

Team-Lernen

Team-Lernen ist ein Prozess, durch den ein Team seine Fähigkeit zur Erreichung der gewünschten Ziele kontinuierlich ausrichtet und entwickelt.[79] Die Ausrichtung (engl. *alignment*) erfolgt zentral für diese Disziplin, damit Teams ohne Vergeudung ihrer Energien als eine Einheit funktionieren können.[80] Außerdem ist die Beherrschung von Dialog und Diskussion notwendig.[81] Durch Synergie dieser Hauptdiskursformen werden Teams in der Lage sein, komplexe Fragen aus verschiedenen Blickwinkeln zu erforschen (Dialog) oder nach Untersuchung der Komponenten einer Situation (Diskussion) eine Wahl zu treffen.[82]

Systemdenken

Systemdenken ist die Fähigkeit, Abhängigkeiten, Interdependenzen und ganzheitliche Strukturen zu erforschen, zu erkennen und zu beschreiben, damit sie effektiv verändert werden können.[83] Als fünfte Disziplin vereinigt das Systemdenken die vier vorherigen Disziplinen in einem kohärenten Theorie- und Praxiskonstrukt, damit das Ganze mehr als die Summe seiner Teile ist.[84]

3.1.1.2 Der Lernzyklus

Der Lernzyklus ist der Kern einer lernenden Organisation, denn er bildet neue Fähigkeiten und fördert den notwendigen organisationalen Sinneswandel.[85] Er besteht aus drei Schritten: Fertigkeiten und Fähigkeiten, Bewusstsein und Sensibilität sowie Haltungen und Überzeugungen. Sein Startpunkt ist die Ausübung der fünf Disziplinen, die drei Fertigkeiten und Fähigkeiten bilden: [86]

---

[79] Vgl. *Senge, P.*, 2008, S. 287.

[80] Vgl. ebd., S. 285.

[81] Vgl. ebd., S. 288.

[82] Vgl. ebd., S. 288 f.

[83] Vgl. *Senge, P. u. a.*, 2008, S. 102.

[84] Vgl. *Senge, P.*, 2008, S. 12.

[85] Vgl. *Senge, P. u .a.*, 2008, S. 20.

[86] Vgl. *Senge, P.*, 2006, S. XII und *Senge, P. u. a.*, 2008, S. 20.

- Aspiration ist eine Fähigkeit, die Einzelpersonen, Teams und Organisationen hilft, die Orientierung und Veränderung gegen ihre wahren Ziele zu verwirklichen. Diese Wendung muss freiwillig sein.[87]

- Reflexion und Gespräch ist die sowohl individuelle als auch kollektive Fähigkeit, über verwurzelte Annahmen und Verhaltensmuster zu reflektieren.[88]

- Konzeptualisierung ist auch eine Fähigkeit, die größere Systeme und Kräfte zu erkennen ermöglicht, um sie hinterher öffentlich und überprüfbar zum Ausdruck zu bringen.[89]

Diese neu erworbenen Fertigkeiten und Fähigkeiten erlauben der Organisation, sowohl andere Denk- und Handlungsmöglichkeiten als auch eine neue Bewusstheit und Sensibilität zu entwickeln. Mit der Zeit werden die Mitglieder der Organisation die Welt anders wahrnehmen und erleben, somit werden sich neue Überzeugungen und Annahmen herausbilden, die zur Entfaltung weiterer Fertigkeiten und Fähigkeiten dienen.[90] Die konstante Wiederholung der fünf Disziplinen sorgt dafür, dass der Lernzyklus weiterläuft.[91] Die Abbildung 3.2 zeigt die Dynamik des Lernzyklus.

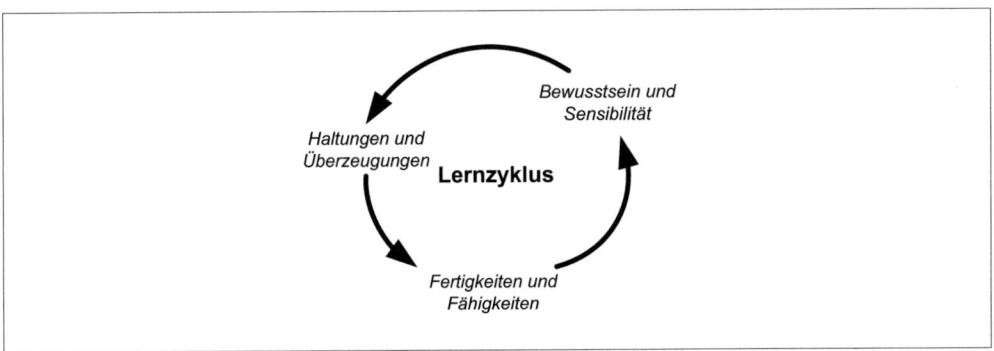

Abbildung 3.1: Lernzyklus einer lernenden Organisation.
Quelle: *Senge, P. u.a.*, 2008, S. 19.

---

[87] *Senge, P.*, 2008, S. 20.

[88] Vgl. ebd., S. 21.

[89] Vgl. ebd., S. 21.

[90] Vgl. ebd., S. 20.

[91] Vgl. ebd., S. 20.

3.1.1.3 Architektur der lernenden Organisation

Für den Aufbau einer lernenden Organisation muss der Lernzyklus initiiert werden. Zu diesem Zweck wurde eine Architektur entworfen, in der die eigentliche Arbeit zum organisationalen Lernen stattfinden muss.[92] Die Architektur wird in der folgenden Abbildung aufgezeigt.

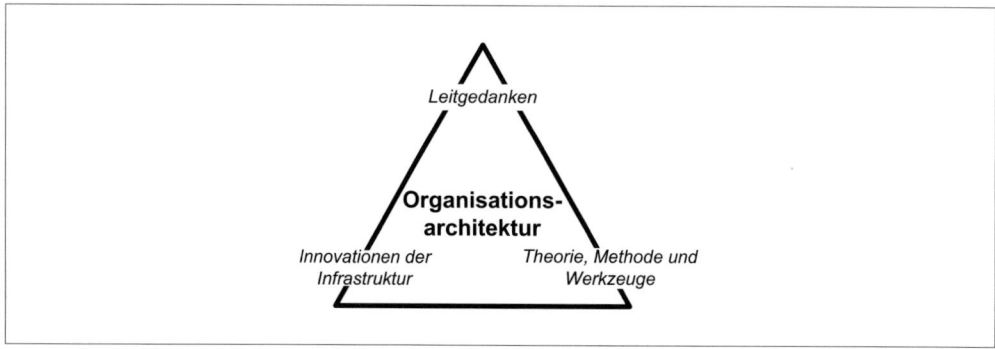

Abbildung 3.2: Organisationsarchitektur einer lernenden Organisation.
Quelle: *Senge P. u.a.*, 2008, S. 24.

Die Organisationsarchitektur besteht aus drei Komponenten: Leitgedanken; Theorie, Methode und Werkzeuge; und Innovationen der Infrastruktur.[93] Alle diese drei Komponenten sind gleich wichtig für den Aufbau der lernenden Organisation. Eine Schwache in einem der Komponenten wird negative Effekte in den zwei anderen haben.[94]

3.1.1.3.1 Leitgedanken

Durch die Leitgedanken werden die Fragen, wofür die Organisation steht und was ihre Mitglieder schaffen möchten, beantwortet. Dies bestimmt das kollektive Identitätsgefühl und den höheren Zweck der Organisation, die in ihrer Missions- und Visionserklärung erläutert wird.[95] Zwei Eigenschaften sind unabdingbar für die Leitgedanken: Sie müssen philosophische Tiefe besitzen und als fortlaufender Prozess betrachtet werden.[96]

Senge erachtet drei Leitgedanken als sehr wichtig für jede lernende Organisation:[97]

---

[92] Vgl. *Senge, P. u .a.*, 2008, S. 24.

[93] Vgl. ebd., S. 24.

[94] Vgl. ebd., S. XXX.

[95] Vgl. ebd., S. 25 – 26.

[96] Vgl. ebd., S. 26 f.

[97] Vgl. ebd., S. 27.

- Der Vorrang des Ganzen.

- Die Gemeinschaftsnatur des Selbst

- Die schöpferische Kraft der Sprache.

3.1.1.3.1.1 Der Vorrang des Ganzen.

Dieser Leitpfad geht davon aus, dass die Beziehungen sehr wichtig sind; dass das Ganze Vorrang vor den Teilen hat und man nicht die wechselseitige Verbundenheit herstellen muss, weil die Welt schon wechselseitig verbunden ist.[98]

3.1.1.3.1.2 Die Gemeinschaftsnatur des Selbst.

Dieser Leitpfad geht davon aus, dass man versuchen muss, die enge Verbundenheit der Menschen mit der Gemeinschaft zu erkennen. Dies bedeutet, dass das Individuum keinen Vorrang vor der Gemeinschaft hat und dass andere Menschen nicht als auszubeutende Objekte betrachtet werden müssen, sondern als Mitmenschen, mit denen man gemeinsam lernen und sich verändern kann.[99]

3.1.1.3.1.3 Die schöpferische Kraft der Sprache.

Dieser Leitpfad betont die wechselseitige Abhängigkeit, die ständig die „Realität" beeinflusst, wenn die Menschen mit ihr interagieren. Wenn diese wechselseitige Abhängigkeit wahrgenommen wird, zeigt sich, dass es nicht nur eine einzige Realität gibt, sondern viele. Um diese anderen Realitäten sehen zu können, müssen die Traditionen der kollektiven Beobachtung und Sinngebung eingesetzt werden. Durch die kollektive Beobachtung und Sinnlegung werden verschiedene Auslegungen der Wirklichkeit hergestellt. Wenn es gilt, eine Entscheidung zu treffen, muss die nützlichste Interpretation für eine bestimmte Situation ausgewählt werden. Dies erlaubt die Erkennung neuer Deutungs- und Handlungsmöglichkeiten.[100]

3.1.1.3.2 Theorie, Methode und Werkzeuge

Die Kombination von Theorien, Methoden und Werkzeugen fördert die charakteristischen Fähigkeiten und Fertigkeiten einer lernenden Organisation. Außerdem sind sie die

---

[98] Vgl. *Senge, P. u .a.*, 2008, S. 27.

[99] Vgl. ebd.., 2008, S. 28.

[100] Vgl. ebd., 2008, S. 30.

Basis, aus der sich die fünf Disziplinen in der Praxis zusammensetzen.[101] Für *Senge* ist eine Theorie ein fester Satz von mehrfach überprüften und relativ anerkannten Hypothesen über die Funktionsweise der Welt.[102] Eine Methode ist ein Satz von systemischen Verfahren und Techniken, die dem Umgang mit bestimmten Frage- oder Problemstellungen dienen.[103] Werkzeuge sind das, was benutzt wird, um etwas herzustellen, vorzubereiten oder zu tun.[104]

3.1.1.3.3 Innovationen der Infrastruktur

Infrastruktur ist das Mittel, durch das eine Organisation Ressourcen zur Verfügung stellt, die den Menschen bei ihrer Arbeit helfen sollen. Diesen Ressourcen können sein: Zeit, Unterstützung durch das Management, Geld, Informationen, gute Kontaktmöglichkeiten mit Kollegen u. a.[105]

3.1.1.4 Zusammenfassung der Teilen

Das Dreieck steht für die greifbarste Form der Bemühungen. Im Gegensatz dazu steht der Kreis für den subtileren, disziplingestützten Lernzyklus. Der Hauptfokus der Aktivität liegt im Dreieck. Die zentrale Aktivität des Wandels liegt im Kreis. Beide berühren und beeinflussen sich ständig gegenseitig. Zusammen präsentieren sie die greifbaren und die subtilen Veränderungen, die den Aufbau lernender Organisationen kennzeichnen.[106] Die Abbildung stellt das gesamte Modell dar.

---

[101] Vgl. *Senge, P. u. a.*, 2008, S. 31.

[102] Vgl. ebd., S. 32.

[103] Vgl. ebd., S. 33.

[104] Vgl. ebd., S. 33.

[105] Vgl. ebd., S. 35.

[106] Vgl. ebd., S. 47 – 48.

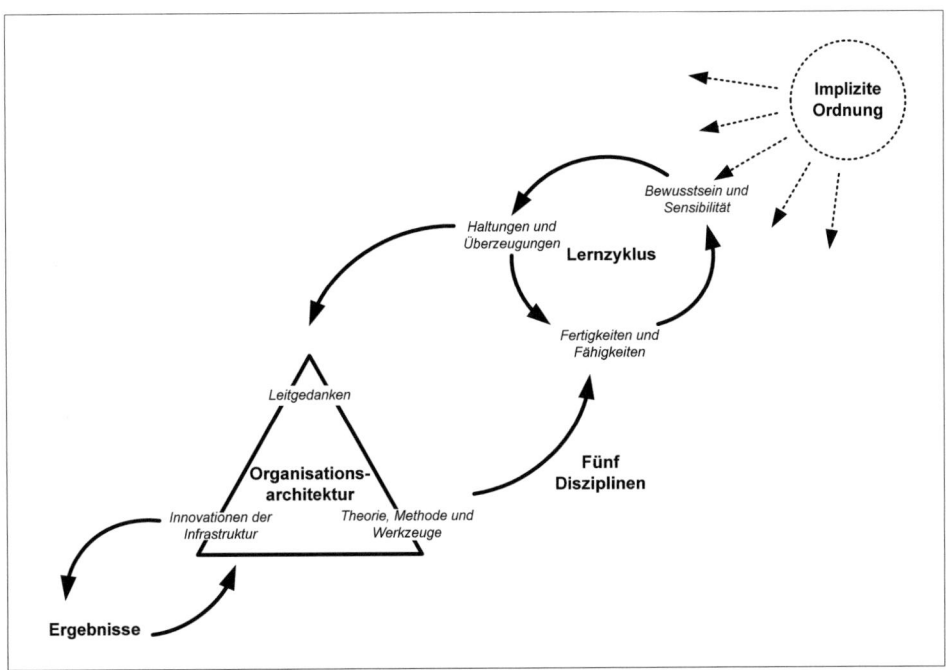

Abbildung 3.3: Zusammenfassung der Teile des Senge-Modell.
Quelle: *Senge P. u.a.*, 2008, S. 51.

Wichtig ist festzustellen, dass die Erfolgseinschätzung der Ergebnisse der Lernprozesse mit Geduld und Quantifizierung betrachtet werden müssen. Mit Geduld ist gemeint, dass die Messungen mit dem Reifeprozess übereinstimmen müssen, sonst werden falsche Schlussfolgerungen abgeleitet. In der Regel dauert es sehr lange, bis die Ergebnisse solcher Prozesse vorliegen.[107]

Senge betont auch, dass die direkten Ergebnisse einer lernenden Organisation nicht quantitativ sind. Folglich sind sie auch nicht messbar. Nichtsdestotrotz sind sie spürbar, wie z. B. Intelligenz, Offenheit, Moral usw.[108]

3.2 Das intelligente Unternehmen nach Olivier Zara

Das intelligente Unternehmen ist ein von *Olivier Zara* entwickeltes Modell, das vorzuschlagen versucht, wie sich eine Organisation im aktuellen Wissenszeitalter gestalten müsste, um erfolgreich zu sein.[109] *Zara* ist der Meinung, dass nur die intelligentesten Organisationen die neue, wechselnde Umgebung überleben werden. Dafür ist es not-

---

[107] Vgl. *Senge, P. u.a.*, 2008, S. 50.

[108] Vgl. ebd., S. 52.

[109] Vgl. *Zara, O.*, 2004, S. 5 f.

wendig, dass sie ihre kollektive Intelligenz und ihr Wissensmanagement entfalten.[110] *Zara* bemerkt, dass bei einem Gehirn die Intelligenz abhängig von der Anzahl der Neuronen und ihrer Verbindungen ist, und genauso verhält es sich bei Organisationen. Um intelligent zu werden, müssen sie ihren Informationsbestand mittels Wissensmanagement erweitern und die Anzahl der Verbindungen innerhalb und außerhalb der Organisation mittels kollektiver Intelligenz erhöhen.[111]

Das Ergebnis wird ein intelligentes Unternehmen sein, dessen kollektive Leistung höher ist als die Summe der individuellen Leistung seiner einzelnen Mitglieder, dank der neu entwickelten Synergieeffekte sowie der effektiven Kommunikation und Kollaboration.[112]

3.2.1 Das Modell

Zaras Modell besteht aus drei Säulen: kollektive Intelligenz, Wissensmanagement und Informationstechnologien, die einander ergänzen und miteinander verbunden sind.[113] Die kollektive Intelligenz sorgt für die Menge und Qualität der intellektuellen Kooperation, das Wissensmanagement für die Menge und Qualität des Wissens und die Informationstechnologien für die Menge und Qualität der Netzwerke, Hardware und Software, die die Informations- und Beziehungsflüsse ermöglichen.[114] Die Lebenskraft des intelligenten Unternehmens ist die intellektuelle Kooperation zwischen Individuen und Organisationen.[115] Die folgende Abbildung stellt das Modell von *Zara* dar.

---

[110] Vgl. *Zara, O.*, 2004, S. 5 f.

[111] Vgl. ebd., S. 5.

[112] Vgl. ebd., S. 5.

[113] Vgl. ebd., S. 8.

[114] Vgl. ebd., S. 8 f.

[115] Vgl. ebd., S. 8 f.

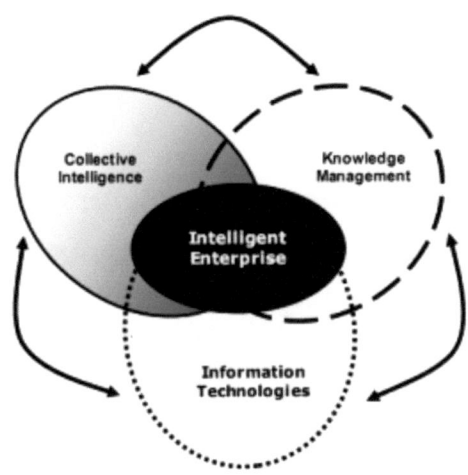

Abbildung 3.4: Das intelligente Unternehmen.
Quelle: *Zara, O.*, 2004, S. 9.

Kollektive Intelligenz

Nach *Zara* ist kollektive Intelligenz die Fähigkeit einer Organisation, Fragen zu stellen und gemeinsam nach Antworten zu suchen.[116] Diese wird durch den gezielten Prozess entwickelt, dass die Förderung der Kooperation und intelligente Entscheidungsfindung aus dem Aufbau von Verbindungen mittels kollektiver Kommunikation und Reflexion besteht.[117] Da all diese Fähigkeiten und Fertigkeiten für die Organisationsmitglieder ziemlich neu sind, muss bei ihnen zuerst ein entsprechender Wunsch geweckt werden, dann muss das notwendige Know-how aufgebaut und die Mittel innerhalb der Organisation müssen zur Verfügung gestellt werden.[118]

Wissensmanagement

Das Wissensmanagement beschäftigt sich mit der Kapitalisierung und Verteilung des Wissens.[119] Kapitalisierung bedeutet für *Zara* die Externalisierung des impliziten Wissens, so dass es anderen zur Verfügung gestellt werden kann.[120] *Zara* unterscheidet zwischen operativem und funktionalem Wissensmanagement. Das funktionale Wissensmanagement unterstützt die Tätigkeiten einer Organisation und bietet eine Lösung für ope-

---

[116] Vgl. *Zara, O.*, 2004, S. 5.

[117] Vgl. ebd., S. 8.

[118] Vgl. ebd., S. 15 – 17.

[119] Vgl. ebd., S. 5.

[120] Vgl. ebd., S. 5.

rationelle Probleme. Das operative Wissensmanagement vereinfacht und verbessert die intellektuelle Kooperation und menschliche Beziehungen im Alltag.[121]

Informationstechnologien

Informationstechnologien gehören zu den Erweiterten Intelligenz Technologien (EIT), deren Fokus auf der Verbesserung und Ausbreitung der menschlichen intellektuellen Fähigkeiten liegt. Dank des Vorsprungs der Informations-, Kollaborations- und Kommunikationstechnologien wurde die Leistung der menschlichen Interaktion und der Einbettung der Information mit operationalem Wert gesteigert.[122]

Intellektuelle Kooperation

Zara versteht unter intellektueller Kooperation die verschiedenen unaufgeforderten Interaktionen zwischen Menschen und Organisationen, deren Ziele der Erfolg der Organisation und die Selbsterfüllung sind.[123] Da kooperierende Mitarbeiter nicht immer zu finden sind, müssen einige Werte innerhalb der Organisation gefördert werden, damit eine kooperative Atmosphäre entsteht. Diese Werte sind Verantwortung, Respekt und das Teilen.[124]

Management der kollektiven Intelligenz

Das Ziel des Managements der kollektiven Intelligenz besteht darin, die Bildung von kollektiver Intelligenz durch einen Prozess zu gewährleisten. Dieser Prozess besteht aus drei allgemeinen Schritten: Verbindungen aufzubauen, intellektuelle Kooperation zu fördern und intelligente Entscheidungen zu treffen. In der Praxis fängt der Prozess mit der Förderung der kollektiven Kommunikation an. Dies bedeutet Austausch von Informationen, die nicht unbedingt einen intellektuellen Beitrag enthalten. Der zweite Schritt ist die kollektive Reflexion, die durch intellektuelle Kooperation die beschaffte Information bedeutsam macht, um nachträglich neue Informationen herzustellen.[125] Nach der Reflexion folgt die Entscheidungsfindung, die entweder kollektiv oder individuell erfolgen kann. Das Ziel dieser Schritte ist die Entwicklung einer intelligenten Entscheidung.

---

[121] Vgl. *Zara, O.*, 2004, S. 48.

[122] Vgl. ebd., S. 5 f.

[123] Vgl. ebd., S. 9 f.

[124] Vgl. ebd., S. 51 f.

[125] Vgl. ebd., S. 6.

Weder kollektive noch individuelle Entscheidungsfindungsprozesse gewährleisten intelligente Ergebnisse, deswegen besteht das Ziel des Managements der kollektiven Intelligenz darin, durch einen festgelegten Prozess die Entstehung intelligenter Entscheidungen zu schaffen. Dieser Prozess besteht aus drei Grundlagen: dem Wunsch, etwas zu generieren (Kultur, Werte, Überzeugungen), das Know-how aufzubauen (interpersonelle Fähigkeiten) und die Mittel zur Verfügung zu stellen (Organisationen und Operationen).

Die Bildung von kollektiver Intelligenz verlangt die Entwicklung bestimmter sozialer Kompetenzen zwischen den Organisationsmitgliedern. Diese sind Fairness, Vertrauen, Einsatz und aktive Kooperation.

Der operative Kern des Managements der kollektiven Intelligenz und des Wissens liegt in der AXIO-Matrix. Die AXIO-Matrix stellt einen sechsschrittigen Prozess dar, dessen Ziel die Generierung von hochwertigen Entscheidungen mittels kollektiver Aktion ist. Die folgende Abbildung stellt die AXIO-Matrix dar.

Entity name: ....

Objective to be achieved: ....

Target date: ....

AXIO	S1	S2	S3	S4	S5	S6
Players/ Operations	Gather and share information	Reflect (interact on the information)	Consult (Prepare for decision)	Decide	Capitalize and share information	Act
Collective (Everyone)	Collective research	Collective intelligence	Consult all stakeholders	Collective decision	Collective Knowledge Management	Action directly or indirectly involving everyone
Collegial (sub-group)	Collegial research	Collegial intelligence	Consult some stakeholders	Collegial decision	Collegial Knowledge Management	Action directly or indirectly involving some of the collective
Individual (one person)	Solitary research	Individual intelligence	One person	Solitary decision	Individual Knowledge Management	Action involving one person
Time frame	Deadline	Deadline	Deadline	Deadline	Deadline	Deadline
List of participants	Who searches? John Smith Jane Doe	Who reflects?	Who gives opinion?	Who decides?	Who manages the information?	Who acts?
Workload	No. person-days	No. person-days	No. person-days	No. person-days	No. person-days	No. person-days
Tools-methods	Software, meetings, etc.	Software, meetings, etc.	Software, meetings, etc.	Software, meetings, etc.	Software, meetings, etc.	Software, meetings, etc.

Abbildung 3.5: AXIO-Matrix.
Quelle: *Zara, O.*, 2004, S. 28.

Schritt 0: Das Problem definieren

Das Problem ist vor Beginn der Arbeit mit der AXIO-Matrix zu definieren, damit keine Energien verschwendet werden, wenn in den folgenden Schritten festgestellt wird, dass der Fokus der Arbeit inkorrekt war.[126]

Schritt Eins: Sammlung und Verteilen von Informationen

Interne und externe Informationen müssen gesammelt und unter den Teilnehmern des nächsten Schrittes verteilt werden, so dass sich die Produktivität der Sitzung erhöht. Interne Informationen sind die Informationen, die bereits innerhalb der Organisation kapitalisiert wurden.[127] Externe Informationen sind Informationen, die Quellen außerhalb der Organisation entstammen, zum Beispiel Internet, Marktstudien, Bibliotheken usw.[128]

Schritt Zwei: Reflexion

In diesem Schritt wird versucht, eine Reflexionssitzung auf individueller, gemeinschaftlicher oder kollektiver Ebene durchzuführen, deren Ziel es ist, Fragen zu stellen und Antworten zu finden.[129] Der Entscheidungsträger muss an solchen Sitzungen aktiv teilnehmen, um seinen Einsatz mit den getroffenen Entscheidungen zu sichern. Außerdem muss er bestimmen, wer an der Reflexionssitzung teilnimmt, denn jedes Mitglied besitzt eine einzigartige situationsbedingte Intelligenz, die für ein bestimmtes Szenario besonders nützlich werden kann, sogar wenn sie zu Uneinigkeiten führt, denn diskordante Betrachtungsweisen sind in diesem Schritt völlig erlaubt, da sie die Sitzung mit alternativen Blickwinkeln bereichern.[130]

Kollektive Reflexionsrunden sorgen für die Entstehung kollektiver Kohäsion und kollektiver Verantwortung für die getroffenen Entscheidungen, die während des kollektiven Handelns gebraucht werden.[131] Der Kohäsions- und Verantwortungsgrad verhält sich proportional zu der Ebene, auf der die Entscheidung getroffen wurde. Bei individu-

---

[126] Vgl. *Zara, O.*, 2004, S. 37.

[127] Vgl. ebd., S. 37.

[128] Vgl. ebd., S. 37.

[129] Vgl. ebd., S. 38 f.

[130] Vgl. ebd., S. 38 f.

[131] Vgl. ebd., S. 38 f.

ellen Entscheidungen ist auch die Verantwortung individuell; bei kollektiven Entscheidungen ist die Verantwortung kollektiv.[132]

Schritt Drei: Konsultation

Meinungen außerhalb des Kreises der Reflexionssitzung werden in diesem Schritt abgewogen, damit kein Beitrag verloren geht.[133] Durch Konsultationsrunden werden vorher getroffene Entscheidungen validiert, indem sie von Stakeholders mit externen Rahmenvorstellungen analysiert werden.[134]

Schritt Vier: Entscheidungsfindung

Der Entscheidungsträger muss festlegen, ob er eine Entscheidung allein trifft, mit einer Gruppe oder mit allen Beteiligten. Dabei muss er Folgendes beachten: Je kollektiver die Entscheidung, desto endgültiger, dauerhafter und stabiler wird sie sein.[135] Wenig kollektive Entscheidungen sind in der Regel flexibler und anpassungsfähiger. Nichtsdestotrotz sind kollektive Entscheidungen nicht immer die besten, denn es mangelt ihnen an Flexibilität, die Verantwortung ist unklar und es entsteht ein Sabotagerisiko, das von denjenigen ausgeht, die mit den Entscheidungen nicht zufrieden waren.[136]

Schritt Fünf: Kapitalisierung und Verteilung der Information

Hier wird die in den vorherigen Schritten gesammelte Information kapitalisiert und verteilt, so dass sie während des sechsten Schrittes nicht übersehen wird.[137] Hier betont *Zara* nochmals die Wichtigkeit der organisationalen Werte, denn die erfolgreiche Kapitalisierung des eigenen Wissens muss freiwillig gemacht werden, so dass sie eine relevante Bedeutung für die Organisation hat.[138] Dafür hält *Zara* die Förderung der intellektuellen Kooperation für wichtiger als die Implementierung einer Wissensmanagementlösung.[139]

---

[132] Vgl. *Zara, O.*, 2004, S. 38 f.

[133] Vgl. ebd., S. 40.

[134] Vgl. ebd., S. 40.

[135] Vgl. ebd., S. 41.

[136] Vgl. ebd., S. 41.

[137] Vgl. ebd., S. 42.

[138] Vgl. ebd., S. 66.

[139] Vgl. ebd., S. 66.

Schritt Sechs: Handeln

Das Handeln kann auf individueller, gemeinschaftlicher oder kollektiver Ebene zum Zweck der Implementierung einer Entscheidung stattfinden.[140] Zu diesem Zeitpunkt muss eine starke Konvergenz zwischen den Verantwortlichen der Implementierung bestehen, so dass interpersonelle Konflikte nicht die Durchführung der Maßnahmen behindern.[141]

Vor diesem Schritt müssen entsprechende Trainingsmaßnahmen ergriffen werden, um ein erfolgreiches Ergebnis zu erzielen, und nach dem Handeln sollte das Wissensmanagement aktiviert werden, damit die neu erworbenen Erfahrungen in zukünftigen Vorgängen der AXIO-Matrix wiederbenutzt werden können.[142]

---

[140] Vgl. *Zara, O.*, 2004, S. 42.

[141] Vgl. ebd., S. 42.

[142] Vgl. ebd., S. 42.

4 Vergleich der theoretischen Grundlagen

Von den Theorien im Feld des organisationalen Lernens gelten vier als die einfluss-
reichsten. Dies sind die Ansätze von *Argyris* und *Schön* (1978), *Daft* und *Weick* (1984),
Fiol und *Lyles* (1985) sowie von *Levitt* und *March* (1988).[143] In diesen Theorien haben
Collinson und *Cook* fünf gemeinsame Grundkategorien identifiziert, die das heutige
Denken zum organisationalen Lernen erklären: Mehrstufigkeit, Untersuchung, gemein-
same Einigungen, Wandel und Einbettung neuen Wissens.[144]

Da diese Grundlagen benutzt werden können, um empirische Modelle zum organisationalen Lernen zu überprüfen, werden in diesem Kapitel die theoretischen Ansätze der
Modelle von *Senge* und *Zara* anhand dieses Leitfadens abgeglichen.

4.1 Mehrstufigkeit

Eine Theorie zum organisationalen Lernen muss das Wechselspiel zwischen den Aktionen der Individuen und den Aktionen der übergeordneten Einheiten einer Organisation
berücksichtigen.[145] Dieser Prozess muss die gesamte Organisation umfassen, um strategisch genannt werden zu können.[146] Von dieser Prämisse kann die mehrstufige Natur
des Lernens innerhalb einer Organisation abgeleitet werden. *Crossan*, *White* und *Lane*
entwickelten ein Framework, das drei organisationale Lernstufen erkennt: die des Indi-

---

[143] Vgl.*Crossanl, M./ Guatto, T.*, 1996, S. 110.

[144] Vgl. *Collinson, V./ Cook, T.*, 2007, S. 31 − 32.

[145] Vgl. *Argyris, C.*, 1999, S. 8.

[146] Vgl. *Crossan, M./ Lane, H./ White, R.*, 1999, S. 522.

viduum, der Gruppe und der Organisation. Das Framework besteht aus vier Prozessen (*Intuiting*, *Interpreting*, *Integrating* und *Institutionalizing*), die die drei Lernstufen verbinden und erklären, wie das Lernen sich jeweils entwickelt. Dazu gibt es zwei Lernarten, die den Übergang zwischen den vier Prozessen bestimmen: das *Feed forward* und das *Feedback*.[147] Das Framework wird in der folgenden Abbildung dargestellt:

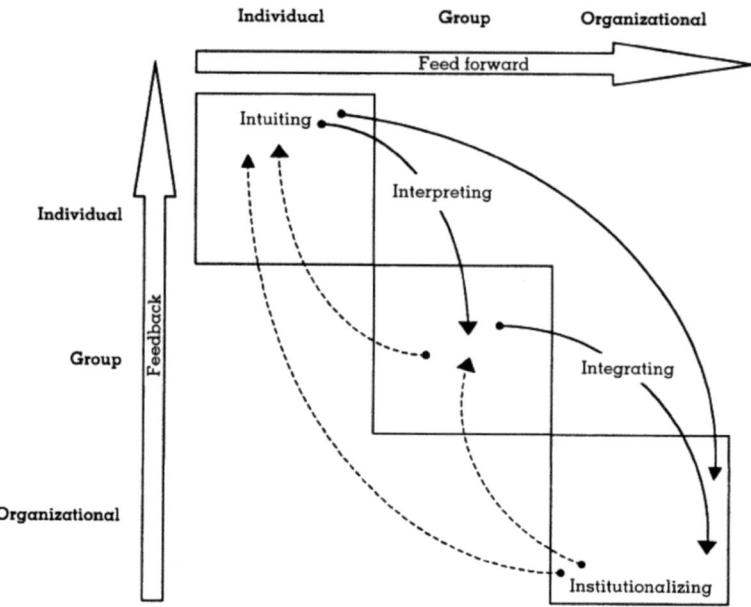

Abbildung 4.1: Mehrstufiges Lernen Framework.
Quelle: *Crossan, M./ Lane, H./ White, R.*, 1999, S. 532.

Intuiting findet auf der individuellen Ebene statt. Es meint das Erkennen von Strukturen durch ein Individuum oder die Möglichkeiten, die die Aktionen eines Individuums beeinflussen können.[148]

Interpreting ist die Verfeinerung und Entwicklung der intuitiven Einblicke eines Individuums. Dieser Prozess beginnt mit dem Erklärungsversuch durch Ideen und den Einblicken des Individuums durch Wörter oder Aktionen. Er dient als Brücke zwischen der Individuum- und der Gruppe-Ebene.[149]

Integrating ist die Entwicklung eines gemeinsamen Verständnisses zwischen Individuen, die es erlaubt. koordinierte Maßnahmen zu ergreifen. Dialoge und gemeinsame

---

[147] Vgl. *Crossan, M./ Lane, H./ White, R.*, 1999, S. 523 – 524.

[148] Vgl. ebd., S. 525.

[149] Vgl. ebd., S. 525.

Handlung sind hier essenziell, da sie beim Lernen auf Gruppen- und Organisations-Ebene verbindend wirken.[150]

Institutionalizing ist die Einbettung des Individuum- oder Gruppen-Lernens in der Organisation als Regeln, Routinen oder Strukturen. Der Prozess findet nur auf der organisationalen Ebene statt. [151]

Die zwei Lernarten, die den Übergang zwischen den vier Prozessen ermöglichen, sind das *Feed forward* und das *Feedback*. *Feed forward* ist die Übertragung des Lernens von der Individuum- und der Gruppe-Ebene in die Organisation. *Feedback* erfolgt, wenn das institutionalisierte Lernen auf die Individuen und Gruppen zurückwirkt.[152]

Senge

Senge erwähnt in seinem Modell drei Lernstufen: individuelles Lernen, Team-Lernen und organisationales Lernen.[153] In diesem Zusammenhang definiert er als Team „jede Gruppe von Personen, die einander brauchen, um ein Ergebnis zu erzielen."[154] Teams sind für *Senge* die wichtigste Lerneinheit in Organisationen, weil „fast alle wichtigen Entscheidungen heute von Teams getroffen werden, entweder direkt oder weil man Teams braucht, um individuelle Entscheidungen praktisch umzusetzen."[155] Reines individuelles Lernen findet *Senge* oft irrelevant, da „der einzelne unter Umständen unentwegt lernen [kann], ohne daß [!] das Unternehmen lernt."[156]

Senge sieht im lernenden Team einen „Mikrokosmos für das Lernen in der ganzen Organisation"[157], denn das Lernen in der Organisation kann bewirken, dass:

- die hier gewonnenen Einsichten in die Tat umgesetzt werden,

- die entwickelten Fertigkeiten an andere Einzelpersonen oder Teams weitergegeben werden können, und

---

[150] Vgl. *Crossan, M./ Lane, H./ White, R.*, 1999, S. 525.

[151] Vgl. ebd., S. 525.

[152] Vgl. ebd., S. 524.

[153] Vgl. *Senge, P.*, 2008, S. 287.

[154] *Senge, P., u.a.*, 2008, S. 409.

[155] *Senge, P.*, 2008, S. 287.

[156] ebd., S. 287.

[157] ebd., S. 287.

▪ die hier erbrachten Leistungen zum Vorbild und zum Maßstab für das gemeinsame Lernen in der Gesamtorganisation werden können.[158]

Im „*Fieldbook zur Fünften Disziplin*" werden zwei Zyklen vorgestellt, die das Lernen
auf individueller und auf Team-Ebene beschreiben. Jedes dieser „Räder des Lernens"
besteht aus vier rückkoppelnden Schritten.[159]

Das individuelle Lernrad wird in der folgenden Abbildung dargestellt:

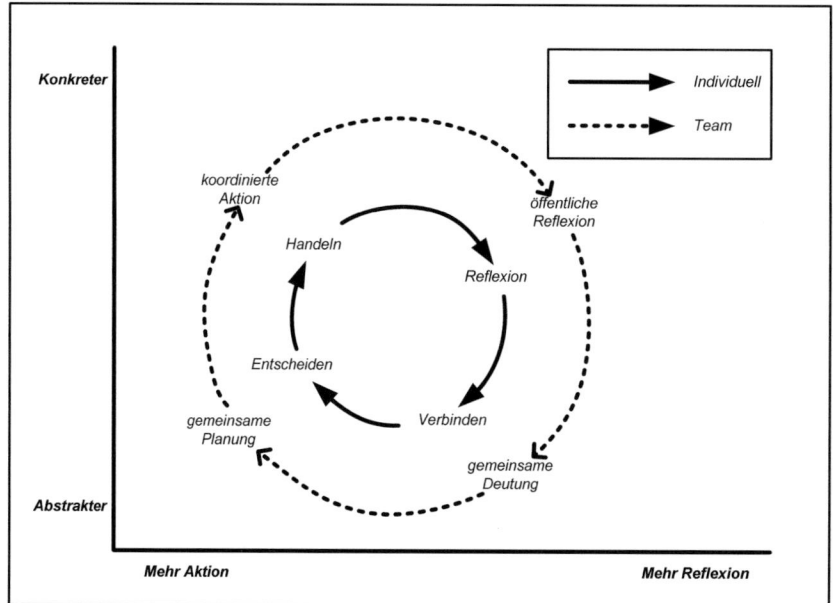

Abbildung 4.2: Das Rad des individuellen und des Team-Lernens.
Quelle: Eigene Darstellung in Anlehnung an *Ross, R./ Smith, B./ Roberts, C.*, 2008b, S. 70.

Der innere Kreis stellt das Rad des individuellen Lernens dar. Die in ihm aufgeführten
Schritte sind sequentiell verbunden und haben einen direkten Einfluss auf das Individuum.[160]

▪ Reflektieren: das eigene Denken und Handeln wird analysiert.

▪ Verbinden: neue Ideen und Handlungsmöglichkeiten werden entwickelt und in
neuer Form dargestellt.

▪ Entscheiden: eine Handlungsmethode wird gewählt.

---

[158] *Senge, P.*, 2008, S. 287.

[159] Vgl. *Senge, P., u.a.*, 2008, S. 67 – S. 71.

[160] Vgl. ebd., S. 68 f.

- Handeln: eine Aufgabe wird in einer experimentierfreundlichen Stimmung ausgeführt.

Der äußere Kreis repräsentiert das Rad des Team-Lernens.

- Öffentliche Reflexion: die Organisationsmitglieder legen ihre mentalen Modelle
  dar und stellen ihre gegenseitigen Überzeugungen in Frage.

- Gemeinsame Deutung: Meinungsaustausch, der das gegenseitige Verständnis
  fördert und die Entwicklung einer Basis gemeinsamer Ansichten erlaubt.

- Gemeinsame Planung: der zusammen entwickelte Entwurf eines Handlungs-
  schritts.

- Koordinierte Aktion: abgestimmtes Handeln.

Zara

Zara erkennt ebenfalls drei Ebenen, auf denen organisationales Handeln stattfinden
kann: die Ebene des Individuums, die der Gemeinschaft und die der Kollektivität.[161] Für
jede Ebene kann ein Vorgang der AXIO-Matrix gestartet werden, um ein Problem zu
lösen. Die Verbindung zwischen den Ebenen ist notwendig, weil eine Kombination der
Besonderheiten der verschiedenen Ebenen ermöglichen kann, die beste Lösung für ein
bestimmtes Problem zu finden. Bemerkenswert ist, dass die Kommunikation zwi-schen
den Ebenen durch das Management zentralisiert wird.[162] Die mehrstufige Natur der A-
XIO-Matrix wird in der folgenden Tabelle dargestellt:

Steps	S1	S2	S3	S4	S5	S6
Players / Operations	Gather and share information	Reflect	Consult	Decide	Capitalize and share information	Act
Collective (everyone)	Collective research	Collective intelligence	Consult all stakeholders	Collective decision	Collective Knowledge Management	Collective action
Collegial	Collegial research	Collegial intelligence	Consult some stake-	Collegial decision	Collegial Knowledge	Collegial action

---

[161] Vgl. *Zara, O.*, 2003, S. 56.

[162] Vgl. ebd., S. 56.

(sub-group)			holders		Management	
Individual (one person)	Solitary research	Individual intelligence	One person	Solitary decision	Individual Knowledge Management	Solitary action

Tabelle 3: Dreistufiger Managementansatz mit der AXIO-Matrix.
Quelle: *Zara, O.*, 2004, S. 57

Als Beispiel schlägt *Zara* Vorgehensweisen bei bestimmten, häufig auftretenden Problemen vor: bei Studien sollte die gesamte Arbeit auf gemeinschaftlicher Ebene stattfinden; bei der Umstrukturierung einer Organisation sollten alle Schritte auf der kollektiven Ebene ausgeführt werden, außer die Entscheidung (Schritt vier), die individuell getroffen werden sollte.[163]

4.2 Untersuchung

Untersuchung wird definiert als die „Verflechtung von Denken und Handeln, die vom Zweifel zur Lösung des Zweifels fortschreitet".[164] Besondere Bedeutung im Untersuchungsprozess hat das Erkennen von Diskrepanzen zwischen Ergebnis und Erwartung. Diese „fehlende Übereinstimmung… blockiert den Strom spontaner Aktivität und lässt Gedanken und weitere Handlungen aufkommen, die darauf abzielen, diesen Strom wiederherzustellen".[165] Aus diesem Grund ist Untersuchung unverzichtbar für bewusstes organisationales Lernen, denn dieser Vorgang kann alternative Lösungen zu Problemen generieren.[166]

Der Untersuchungsprozess kann auf jeder der drei Lernstufen stattfinden (Individuum, Gruppe oder Organisation) und wird durch gegenseitige Rückkoppelung verbunden.[167]

Senge

Der Untersuchungsprozess ist besonders für zwei Disziplinen bedeutend: für Personal Mastery und für mentale Modelle. Das Problem bei mentalen Modellen liegt in ihrer impliziten, unbewussten Natur, die ihre Überprüfung schwer macht. Aus diesem Grund

---

[163] Vgl. *Zara, O.*, 2003, S. 56 f.

[164] Vgl. *Dewey, J.*, 1938 (mit einem Zitat von *C. Argyris, C./ D. Schön*, 1999, S. 26).

[165] *Argyris, C./Schön, D.*, 1999, S. 26.

[166] Vgl. *Collinson, V./ Cook, T.*, 2007, S. 33.

[167] Vgl. *Collinson, V./ Cook, T.*, 2007, S. 33 und *Argyris, C./Schön, D.*, 1999, S. 27.

können sie unverändert bleiben, sogar wenn die Umgebung sich ändert, und zu kontra-produktiven Aktionen führen.[168] Die Disziplin der mentalen Modelle besteht darin, „diese Modelle freizulegen, sie zu erforschen und mit minimaler Abwehr darüber zu sprechen".[169] Innerhalb einer Organisation müssen drei Aspekte entwickelt werden, um mentale Modelle zu erkennen, zu überprüfen und zu verbessern: Tools, die das Selbst-bewusstsein und das Reflexionsvermögen fördern; Infrastrukturen, die die reguläre Pra-xis mit mentalen Modellen institutionalisieren; und eine Kultur, die die Untersuchungs- und Denkfähigkeit herausfordert.[170] Dafür sind die Reflexion (engl. *reflection*) und die Erkundung (engl. *inquiry*) von zentraler Bedeutung.[171] Reflexion ist „die Verlangsa-mung von Denkprozessen, damit man sich bewußter[!] wird, wie man mentale Modelle formt".[172] Erkundung wird als die Durchführung von Gesprächen definiert, „bei denen man offen seine Meinungen austauscht und mehr über die Annahmen anderer er-fährt".[173]

Senge erläutert, dass Personal Mastery grundsätzlich aus zwei Verhaltensweisen be-steht. Die erste ist die „Vision", die „immer wieder aufs neue [erklärt], was einem wirk-lich wichtig ist".[174] Die zweite ist die „gegenwärtige Realität", die die Frage beantwor-tet, „wo wir sind, gemessen an dem, was wir wollen".[175] Die Parallelität zwischen bei-den Verhaltensweisen erzeugt kreative Spannung: „eine Kraft, die die beiden zusam-menbringen will.[176] Diese Spannung strebt nach Auflösung, die erst dann vollzogen wird, wenn die gegenwärtige Realität den Zustand der Vision erreicht oder die Vision zur gegenwärtigen Realität wird.[177] Die Verwirklichung der ersten Option wäre „die na-türlichste Auflösung dieser Spannung".[178]

---

[168] Vgl. *Senge, P.*, 2008, S. 215 f.

[169] Vgl. *Senge, P. u.a.*, 2008, S. 272.

[170] Vgl. *Senge, P.*, 2006, S. 171.

[171] Vgl. *Senge, P. u.a.*, 2008, S. 273.

[172] Vgl. ebd., S. 273.

[173] Vgl. ebd., S. 273.

[174] Vgl. *Senge, P.*, 2008, S. 174.

[175] Vgl. ebd., S. 174.

[176] Vgl. ebd., S. 174.

[177] Vgl. ebd., S. 185.

[178] Vgl. *Senge, P., u.a.*, 2008, S. 225.

Zara

Zara erkennt die wichtige Rolle der Untersuchung, indem drei der Schritte seiner A-XIO-Matrix sich mit ihr beschäftigen.[179] In Reflexionssitzungen wird die Untersuchung zwischen allen Teilnehmer gefördert, so dass die beste Lösung für ein bestimmtes Problem gefunden werden kann.[180] Im darauf folgenden Schritt wird das Ergebnis der Reflexionssitzung durch Außenstehende nochmals untersucht, so dass die negativen Effekte des Gruppendenkens gemindert werden können.[181] Nach der sorgfältigen Analyse der vorgeschlagenen Lösung wird dann eine angemessene Entscheidung getroffen, nachdem die Entscheidungsträger die Ergebnisse der vorherigen Schritte geprüft und abgewogen.[182] Diese dreischrittige Kette von Untersuchungsmaßnahmen versucht ein optimales Ergebnis zu produzieren, dank der gezielten mentalen Prozessen der Organisationsmitglieder. In seiner AXIO-Matrix bestätigt *Zara*, dass die Untersuchungsvorgänge auf der individuellen, der gemeinschaftlichen und der kollektiven Ebene stattfinden können.[183]

4.3 Gemeinsame Einigungen

Dies entspricht die von *Argyris* und *Schön* definierten handlungsleitenden Theorien (engl. *theory-in-use*).[184] Mit handlungsleitender Theorie werden die impliziten Annahmen gemeint, die das Verhalten der Organisationsmitglieder lenken. Diese Annahmen beeinflussen die Wahrnehmung, das Denken und das Verspüren der Dinge.[185]

Gemeinsame Einigungen und gemeinsame Praxis werden durch ein durchgehendes Gespräch zwischen den Organisationsmitgliedern geschaffen.[186] In diesem Zusammenhang wird das Gespräch als das Mittel definiert, mit dem die Individuen teilen und oft weiterentwickeln, was sie bereits wissen.[187] Hier spielt das Gespräch eine sehr wichtige Rolle,

---

[179] Vgl. *Zara, O.*, 2003, S. 37 – 42.

[180] Vgl. ebd., S. 37 f.

[181] Vgl. ebd., S. 40.

[182] Vgl. ebd., S. 40 f.

[183] Vgl. ebd., S. 57

[184] Vgl. *Collinson, V./ Cook, T.*, 2007, S. 19.

[185] Vgl. *Schein, E.*, 2004, S. 31.

[186] Vgl. *Crossan, M./ Lane, H./ White, R.*, 1999, S. 528.

[187] Vgl. *Isaacs, W.*, 1993, S. 24.

weil es häufig nur implizit artikulierte Annahmen explizit macht.[188] In diesem Zusammenhang können verschiedene Gesprächsarten identifiziert werden: Debatte, Dialog und Konsensus..[189]

- Debatte ist eine von zwei Seiten geführte Auseinandersetzung. Dabei kann die eine Seite die andere besiegen, beide Seiten behalten ihre ursprünglichen Ideen oder beide Seiten versuchen, tiefere Untersuchungen zu vermeiden.[190]

- Dialog ist die Disziplin des kollektiven Denkens und der kollektiven Untersuchung. Diese Disziplin erlaubt den Menschen, ihre Meinung unbegrenzt zu äußern und die individuellen und kollektiven Hintergründe ihres Denkens zu explorieren. Diese Disziplin führt zu einer Erhöhung der Qualität des Gesprächs und wird deswegen als die effektivste Gesprächart für die Entwicklung gemeinsamer Einigungen anerkannt.[191] Effektiver Dialog umgeht die Gefahr des Gruppendenkens.[192]

- Konsensus tritt auf, wenn die Leute rationale Mittel suchen, um ihre Optionsauswahl zu beschränken und diejenige Option bevorzugen, die der Mehrheit logisch und akzeptabel erscheint. Dem Konsensus mangelt es an Ambition, die zugrunde liegenden Bedeutungsstrukturen zu ändern.[193]

Bei besonders kohäsiven Gruppen, deren Streben nach Einmütigkeit ihre realistische Abschätzung von Handlungsalternativen besiegt, ist das Gruppendenken möglich. Dies ist ein Denkmodus, den eine Gruppe entwickelt, um ihre freundlichen Beziehungen zu bewahren. Als Resultat des internen Drucks werden das kritische Denken, das Moralurteil und die Realitätserprobung gemindert.[194]

---

[188] Vgl. *Collinson, V./ Cook, T.*, 2007, S. 34 und *Argyris, C./Schön, D.*, 1999, S. 29.

[189] Vgl. *Isaacs, W.*, 1993, S. 24 – 26.

[190] Vgl. ebd., S. 24.

[191] Vgl. ebd., S. 25.

[192] Vgl. *Crossan, M./ Lane, H./ White, R.*, 1999, S. 529.

[193] Vgl. *Isaacs, W.*, 1993, S. 26.

[194] Vgl. *Janis, I.*, 1972, S. 8 – 9.

Senge

Senge beschreibt die gemeinsame Vision als „eine Vision, der sich viele Menschen wahrhaft verschrieben haben, weil sie ihre eigene persönliche Vision widerspiegelt".[195] Da der persönliche Aspekt der Vision hier zentral ist, ist das Personal Mastery die Grundlage für die Entwicklung gemeinsamer Visionen.[196] Nachdem die persönlichen Visionen der Organisationsmitglieder entwickelt wurden, kann die Organisation die notwendige Kraft gewinnen, um die gemeinsame Vision zu erzielen.[197] Für *Senge* ist die Entwicklung einer gemeinsamen Vision „ein fortlaufender, nie endender Prozeß[!].“[198] Für diesen Prozess ist ein kontinuierliches Gespräch erforderlich.[199] Im Zusammenhang mit dem Team-Lernen werden drei Gesprächsformen beschrieben, die zum Aufbau einer gemeinsamen Vision dienen können: Dialog, Diskussion, qualifizierte Diskussion (engl. *skillful discussion*).[200] Dialog wird definiert als „die fortgesetzte kollektive Erforschung von Alltagserfahrungen und scheinbaren Selbstverständlichkeiten".[201] In einer Diskussion wird die Gruppe gezwungen, die eigenen Ansichten zu akzeptieren.[202] In einer solchen qualifizierten Diskussion wird untersucht, wie die Komponenten einer Situation zusammenpassen, so dass ein tieferes Verständnis für die Kräfte zwischen den Organisationsmitgliedern entwickelt wird.[203]

Zara

Zara sagt wenig zu diesem Punkt, nichtsdestotrotz erkennt er implizit, dass gemeinsame Einigungen im organisationalen Leben existieren und sie sich eventuell schädlich auswirken können, wenn die versteckten Annahmen einer kohäsiven Gruppe die Ergebnis-

---

[195] Vgl. *Senge, P.*, 2008, S. 252.

[196] Vgl. ebd., S. 258.

[197] Vgl. ebd., S. 258.

[198] Vgl. ebd., S. 261.

[199] Vgl. ebd., S. 266.

[200] Vgl. *Senge, P., u.a.*, 2008, S. 407 und vgl. *Senge, P.*, 2008. S. 292.

[201] Vgl. *Senge, P., u.a.*, 2008, S. 407.

[202] Vgl. *Senge, P.*, 2008, S. 292.

[203] Vgl. *Senge, P., u.a.*, 2008, S. 408.

se der Reflexionssitzungen beeinflussen.[204] Deswegen schlägt *Zara* vor, solche Ergebnisse noch einmal von Außenstehenden überprüfen zu lassen.[205]

Den Aufbau einer kollektiven Einigung hält auch *Zara* für notwendig, wenn es darum geht, das Engagement der Organisationsmitglieder zu sichern. Dafür müssen diese vollständig davon überzeugt sein, dass die jeweilige Vorgehensweise der Organisation optimal ist.[206]

4.4 Behavioraler und kognitiver Wandel

Behavioraler und kognitiver Wandel können im organisationalen Lernen stattfinden aber nicht alle die Theoretiker sind damit einverstanden. Einige sind der Meinung, dass das Lernen mit der Entwicklung neuen Verhaltens verbunden ist. Andere denken, dass echtes organisationales Lernen nur stattfindet, wenn kognitiver Wandel entwickelt wird.[207]

Behavioraler Wandel betrifft nur neue interpretationsbasierte Antworten und Aktionen.[208] Dieser Wandel wird als organisationale Adaptation (engl. *organizational adaptation*) bezeichnet, weil er aus inkrementellen Anpassungen besteht, die sich aus einer Änderung der Umwelt, der Zielstruktur, oder anderen Faktoren ergeben.[209] *Argyris* und *Schön* nennen diesen Wandel „Einschleifen-Lernen" (engl. *single-loop learning*). Diese Art von Lernen führt zu einer Leistungsverbesserung bei den Aufgaben der Organisation ohne die Wertvorstellungen einer Handlungstheorie (engl. *theory of action*) zu verändern.[210]

Kognitiver Wandel betrifft die organisationale Ereignisinterpretationsfähigkeit, die Entwicklung von gemeinsamen Einigungen und die konzeptionellen Schemata der Organisationsmitglieder.[211] Das Doppelschleifen-Lernen (engl. *double-loop learning*) von

---

[204] Vgl. *Zara, O.*, 2004, S. 37 – 39.

[205] Vgl. ebd., S. 40.

[206] Vgl. ebd., S. 32 – 36.

[207] Vgl. *Collinson, V./ Cook, T.*, 2007, S. 34.

[208] Vgl. ebd., S. 806.

[209] Vgl. ebd., S. 811.

[210] Vgl. *Argyris, C./ Schön, D.*, 1999, S. 35 f.

[211] Vgl. *Fiol, M./ Lyles, M.*, 1985, S. 806.

Argyris und *Schön* schließt behavioralen und kognitiven Wandel ein. Die Änderung des Verhaltens und die ihm zugrunde liegenden kognitiven Bilder sind besonders geeignet in komplexen und unvorhersehbaren Umgebungen oder um intensive, nicht alltägliche Arbeit durchführen.[212]

Senge

Senge vertieft die Diskussion, die mit seinem Buch „*Die fünfte Disziplin*" begonnen hat, indem er das Lernen innerhalb eines Unternehmens in zwei Arten unterteilt: adaptatives Lernen (engl. *adaptative learning*) und generatives Lernen (engl. *generative learning*).[213]

Das adaptative Lernen ist eine Antwort auf einen Wechsel in der Umgebung. Es kommt zum Einsatz, wenn ein Überblick über das gesamten Systems nicht ermöglicht werden kann und stellt nur eine Lösung zu einem Symptom des zugrunde liegenden Problems dar.[214] Das generative Lernen erfordert neue Blickwinkel zu einem Problem, damit das gesamte System betrachtet und eine holistische Lösung getroffen werden kann. Das adaptative Lernen kann sich zu generativem Lernen entwickeln.[215]

Zara

Zara erwähnt in seinem Modell den behavioral oder kognitiven Wandel nicht. Der Grund für den Wandel in einem intelligenten Unternehmen ist der erfolgreiche Fortbestand gegen die Herausforderungen des Wissenszeitalters durch die Aktivierung der kollektiven Fähigkeiten der Organisationsmitglieder.[216] Da der Entwurf der AXIO-Matrix problemorientiert und ergebnisbasiert ist, kann angenommen werden, dass *Zaras* Modell dem Behavioral-Ansatz des Wandels entspricht.[217]

---

[212] Vgl. *Rait, E.*, 1995 (mit einem Zitat von *V. Collinson/ T. Cook*, 2007, S. 34).

[213] Vgl. *Senge, P.*, 1990, S. 8.

[214] Vgl. ebd., S. 8.

[215] Vgl. ebd., S. 8.

[216] Vgl. *Zara, O.*, 2004, S. 5 f.

[217] Vgl. ebd., S. 37 – 42.

4.5 Einbettung von neuem Wissen

Lernen und Wissen sind in einem engen iterativen, sich gegenseitig verstärkenden Prozess verbunden.[218] Der Lernprozess stellt neues Wissen her und das Wissen beeinflusst zukünftiges Lernen. *Vera* und *Crossan* haben ein Modell entwickelt, das die Beziehung zwischen Lernen und Wissen beschreibt. Dieses Modell besteht aus den „Flüssen" (engl. flow) und dem „Reservoire" (engl. stock). Mit Reservoir sind die menschlichen und nicht-menschlichen Wissensbestände einer Organisation gemeint. Die Flüsse sind die Prozesse, die verschiedene Ebenen der Organisation verbinden (Individuum, Gruppe und Organisation) und ermöglichen, neues Wissen zu schaffen und zu institutionalisieren.[219] Ohne Institutionalisierung oder Veränderung der handlungsleitenden Theorien der Organisation findet kein organisationales Lernen statt.[220]

Senge

Senge beschreibt in seinem Werk drei Beziehungen zwischen dem Lernen und dem Wissen. Die erste fängt mit dem Fluss oder Prozess der gemeinsamen Vision an. Ihr Ergebnis ist die gemeinsame Bedeutung oder „die kollektive Vorstellung von dem, was wichtig ist und warum es wichtig ist".[221] Die gemeinsame Bedeutung wird durch die Entwicklung der organisationalen Vision, die Mission und die Grundwerte institutionalisiert.[222]

Der zweite Fluss wird durch die Ausübung des Personal Mastery gestartet. Sein Ergebnis ist die Erkennung der persönlichen Vision, die im Individuum gespeichert wird.[223] Der dritte Fluss entsteht mit der Disziplin der mentalen Modelle. Durch ihn werden die zugrunde liegenden mentalen Modelle eines Individuums aufgedeckt und im Gedächtnis gespeichert.[224]

---

[218] Vgl. *Vera, D./ Crossan M.*, 2007, S. 131.

[219] Vgl. ebd., S. 132.

[220] Vgl. *Argyris, C./ Schön, D.*, 1999, S. 32.

[221] Vgl. *Senge, P., u.a.*, 2008, S. 346.

[222] Vgl. *Senge, P.*, 2008, S. 273.

[223] Vgl. ebd., S. 180 f.

[224] Vgl. ebd., S. 234 f.

Zara

Zara erkennt eine gegenseitige Beziehung zwischen kollektiver Intelligenz und Wissensmanagement. Die Rolle der kollektiven Intelligenz ist die Herstellung von Informationen (Fluss), die das Wissensmanagement speichert (Reservoire). Das Wissensmanagement stellt vorgespeicherte Informationen zur Verfügung, die für die Reflexionssitzungen der kollektiven Intelligenz gebraucht werden.[225] *Zara* schlägt einige Richtlinien vor, die die Einbettung von neuem Wissens vereinfachen. Diese Richtlinien versuchen Antworten auf fünf Fragen zu geben: Was? Wie? Welche sind die Bedingungen für den Erfolg? Welche sind die Renditen? Welches ist die Mission einer Community of Practice?[226]

---

[225] Vgl. *Zara, O.*, 2003, S. 66.

[226] Vgl. ebd., S. 66 f.

5 Vergleich der empirischen Richtlinien

Die folgenden empirischen Richtlinien wurden von *Collinson* und *Cook* nach Untersuchung der Theorien des organisationalen Lernens und der Erkundung der soziologischen und erziehungswissenschaftlichen Literatur vorgeschlagen. Sie können zur Implementierung einer Strategie zum organisationalen Lernen benutzt werden, denn ihr Fokus liegt auf dem Abbau der Barrieren, die durch defensive Reaktionen von Indi-viduen, Gruppen oder gesamten Organisationen verursacht werden, wenn sie Befüch-tungen vor den mit dem neuen Lernen einhergehenden Peinlichkeiten und Bedrohungen haben. Je-de dieser Richtlinien ist notwendig, aber allein unzureichend für die Entwick-lung den organisationalen Lernens, denn sie alle sind in einem holistischen System mit-einander verbunden.[227]

Für den Vergleich der empirischen Richtlinien werden die jeweiligen Ansätze von *Senge* und *Zara* dargestellt und, damit ihre Beiträge zur neuen Organisationsgestaltung, die das organisationale Lernen fördert, besser verstanden werden können, wenn möglich in folgende drei Gruppen unterteilt: Ansätze zur organisationalen Struktur, Ansätze zur organisationalen Kultur und Ansätze zur Informationstechnologie.

---

[227] Vgl. *Collinson, V./ Cook, T.*, 2007, S. XV und S. 60.

5.1 Das Lernen für alle priorisieren

Das Lernen ist nicht mehr von der individuellen Leistung abhängig, sondern es wird erst sinnvoll, wenn es durch den Kontakt mit dem Lernen anderer Menschen gefördert und gemeinschaftlich entwickelt wird.[228] Dieser Aussage kann entnommen werden, dass ohne individuelles Lernen das organisationale Lernen nicht entstehen kann, dass aber das individuelle Lernen allein für die Entwicklung des organisationalen Lernens unzureichend ist.[229] Damit die Organisation sich ständig verbessert, muss das kollektive Lernen strategisch entfaltet werden, so dass verwurzelte Annahmen, Normen, Fehler und Verfahren geprüft werden können.[230] In diesem Zusammenhang wird das kollektive Lernen definiert als die kollektive Sinngebung der Umwelt, die dem organisationalen Handeln vorangeht, deren Ziel ist, ihre Umgebung zu beeinflussen.[231] Kollektives Lernen erfolgt durch Freundschaften, Netzwerke, Untersuchung, Gruppenarbeit, Feedback, geschriebene Information, Besprechung, und Einstellung neuer Mitglieder.[232]

Senge

Die Priorisierung des Lernens für alle benötigt eine Änderung der traditionellen organisationalen Struktur, damit Teams zum wichtigsten Bestandteil der Organisation werden.[233] Die internen Systeme (Infrastruktur, Kompensation, Belohnung) müssen progressiv angepasst werden, so dass sie die neue Rolle dieser Struktur anerkennen.[234] *Senge* versteht ein Team als eine Gruppe von Personen, die einander brauchen, um ein Ergebnis zu erzielen.[235] Nach dieser Definition sollten Lieferanten, Kunden und Partner als Teammitglieder eingeschlossen werden, um an Lernprozessen, wenn möglich, teilnehmen zu können (erweiterte Teamdefinition).[236] Die Konfiguration eines Teams sollte einen helfenden Begleiter aufweisen, der darin geschult ist, die Reflexion, die Erkun-

---

[228] Vgl. *Collinson, V./ Cook, T.*, 2007, S. 61.

[229] Vgl. ebd., S. 61.

[230] Vgl. ebd., S. 61.

[231] Vgl. ebd., S. 73.

[232] Vgl. ebd., S. 61.

[233] Vgl. *Senge, P., u.a.*, 2008, S. 408 f.

[234] Vgl. ebd., S. 408 f.

[235] Vgl. ebd., S. 409

[236] Vgl. ebd., S. 409.

dungen und den Dialog zu fördern.[237] Dieser Begleiter sollte außerdem Distanz zum Team halten, so dass er die Lernhemmnisse erkennt und das Gruppendenken effektiv vermeidet.[238] Schließlich muss jedes Team bevollmächtigt werden, seine eigene Gesprächsregeln zu gestalten, wie z. B. wer wie die Entscheidungen trifft oder die Frage, wie ein Regelverstoß bestraft werden muss.[239]

Dieses neue Element der Organisation bewirkt auch, dass die organisationale Kultur die Werte der freien Kommunikation und Reflexion annimmt, damit diese die Beziehungen der Organisationsmitglieder bestimmen, um die Kooperation untereinander zu vereinfachen.[240] Eine weitere Änderung in der organisationalen Infrastruktur sollte vorgenommen werden, damit die geographischen Grenzen durch die Benutzung von E-Mail und Telefon übersprungen werden können und die Kooperation zwischen Teams in verschiedenen Standorten auf der Erde ermöglicht wird.[241]

Zara

Zentral für die Arbeit mit *Zaras* AXIO-Matrix ist die kollektive Reflexion, die die verschiedenen Intelligenzen der Teilnehmer in einer Reflexionssitzung zusammenführt, um intelligentere Lösungen zu finden. Hierfür ist die Förderung von Teams als neues organisationales Element in der organisationalen Struktur notwendig.[242] Die Organisation muss auch von den verschiedenen Beiträgen der Stakeholders profitieren können, wie zum Beispiel von Seiten der Kunden, der Lieferanten und der Konkurrenz.[243] Dafür muss die organisationale Struktur so angepasst werden, dass die Kollaboration mit diesen drei neuen organisationalen Akteuren vereinfacht wird.[244]

Zur vollständigen Entwicklung der kollektiven Intelligenz müssen Teams und Personen in einer Atmosphäre arbeiten, in der Kooperation herrscht. Für die Einbettung der Kooperation in den Arbeitsalltag schlägt *Zara* vor, dass das Management als Vorbild dient

---

[237] Vgl. *Senge, P., u.a.*, 2008, S. 411.

[238] Vgl. ebd., S. 411.

[239] Vgl. ebd., S. 413.

[240] Vgl. ebd., S. 288.

[241] Vgl. *Senge, P., u.a.*, 2008, S. 409.

[242] Vgl. *Zara, O.*, 2004, S. 8 f.

[243] Vgl. ebd., S. 8.

[244] Vgl. ebd., S. 8.

und alle Mitarbeiter einen Vertrag unterschreiben, mit dem sie sich verpflichten, kollaborativ zu sein.[245] Dieser kollaborative Vertrag soll die Beziehungen zwischen den Organisationsmitgliedern für den Fall regeln, dass echte Kollaboration nötig wird.[246] Die Beteiligung aller Mitarbeiter ist notwendig für den Entwurf des kollaborativen Vertrages, so dass effektive und ineffektive kollaborative Verhältnisse identifiziert werden und entsprechend gefördert oder unterdrückt werden können.[247] Zuzüglich müssen die Werte des Teilens, der Verantwortung und des Respekts gemeinsam angestrebt werden.[248]

Die Kollaboration und die Arbeit der verschiedenen Teams kann unterstützt werden durch ein kollaborativen Intranet, das dem Benutzer ermöglicht, die bestehende Information durch die Interaktion mit anderen Benutzern in neue Information umzuwandeln. Ein solches Intranet sollte die Informations-, Kommunikations- und Kollaborationsbedürfnisse der Mitarbeiter erfüllen.[249] In diesem Sinne ist ein Marketplace die beste Antwort auf diese Bedürfnisse, denn dieser erlaubt dem Benutzer, auf eigene Initiative hin Informationen zu entnehmen, hineinzugeben und sie zu bewerten[250]

5.2 Die Untersuchung fördern

Der Untersuchungsprozess ermuntert die Organisationsmitglieder, durch eine fortlaufende Fehlererkennung-Fehlerbehandlung-Schleife Fehler zu entdecken und zu korrigieren, so dass sie über ihr implizites Wissen reflektieren und aus ihren Annahmen und Aktionen lernen.[251] Die Untersuchung kann direkt oder indirekt sein. Direkte Untersuchung besteht aus einem formalen Untersuchungszyklus, beim dem Organisationsmitglieder bewusst versuchen, ein Problem zu lösen, ihre Ansichten auszuweiten oder die Mehrdeutigkeit zu reduzieren.[252] Die indirekte Untersuchung beschäftigt sich mit dem expliziten Wissen und versucht es explizit zu machen, damit die Wahrnehmung der

---

[245] Vgl. *Zara, O.*, 2004, S. 10.

[246] Vgl. ebd., S. 11.

[247] Vgl. ebd., S. 11.

[248] Vgl. ebd., S. 52.

[249] Vgl. ebd., S. 43.

[250] Vgl. ebd., S. 44.

[251] Vgl. *Collinson, V./ Cook, T.*, 2007, S. 61.

[252] Vgl. ebd., S. 61. und 95

Umgebung verbessert wird. Sie findet meistens ungeplant in Gesprächen, Sitzungen oder individuellen Reflexionsmomenten statt.[253] Beide Untersuchungsarten schaffen kollaterales Lernen (Neugier, Toleranz, Rücksicht auf Beweise, kritisches Denken und die Unterdrückung der Beurteilungen), das den Organisationsmitgliedern ermöglicht, ihre Untersuchungsfähigkeit zu verbessern.[254]

Senge

Durch das Personal Mastery wird die Selbstuntersuchung zwischen den Organisationsmitgliedern gefördert. Die reguläre Ausübung dieser Disziplin sollte stark vom Management unterstützt werden, indem in manchen Fällen die Führungskraft als begleitender Coach dieser Disziplin arbeitet.[255] Die Selbstuntersuchung kann noch ermuntert werden durch eine „Transformations- und Entdeckungsabteilung", deren Tätigkeit die Lieferung von personalisierten Lernprozessen ist, so dass die Mitarbeiter ihre persönliche Vision entdecken und verfolgen können.[256] Auch sollte das Leistungsbeurteilungssystem sollte auch verändert werden, so dass es die persönliche Vision und die gegenwärtige Realität vergleicht und die Erfüllung der persönlichen Vision belohnt.[257] Auch die Institutionalisierung regelmäßiger Besprechungen trägt zur Förderung der Untersuchung in der Organisation durch Übungsstrukturen bei, indem die neu erworbenen Disziplinen in solchen Besprechungen ausgeübt werden.[258]

Weiterhin sollte die organisationale Kultur das Engagement zur Untersuchung durch die Förderung der Suche nach der Wahrheit widerspiegeln, die den Organisationsmitgliedern helfen sollte, ihre persönlichen Visionsvorstellungen zu entdecken und zu realisieren.[259]

---

[253] Vgl. *Collinson, V./ Cook, T.*, 2007, S. 100.

[254] Vgl. ebd., S. 61.

[255] Vgl. *Senge, P., u.a.*, 2008, S. 207 – 208.

[256] Vgl. ebd., S. 254 f.

[257] Vgl. ebd., S. 255 f.

[258] Vgl. ebd., S. 258.

[259] Vgl. ebd., S. 246 – 250.

Zara

Die Untersuchung spielt eine wichtige Rolle in den Reflexionssitzungen, die der zweite Schritt der AXIO-Matrix fördert.[260] Ein Manager muss wählen, welche Untersuchungsebene (individuelle, gemeinschaftliche oder kollektive) besonders geeignet für die Lösung eines bestimmten Problems ist.[261] *Zara* bemerkt, dass wegen Kompetenz-, Methodologie- und Technologieproblemen die individuelle Reflexion effektiver als die gemeinschaftliche und kollektive Reflexion ist.[262] Auch muss die organisationale Kultur erweitert werden, damit Respekt für die Ideen der anderen die Arbeitsatmosphäre bestimmt, denn ohne Respekt wären die Reflexionssitzungen der AXIO-Matrix erfolglos.[263]

Da die Untersuchung mit der Verarbeitung von Informationen beginnt, müssen Informationstechnologien diese Aufgabe unterstützen, indem sie die gewünschten Informationen an den richtigen Benutzer weiterleiten.[264] Das Marketplace-Modell bietet die beste Lösung zu dem aktuellen Informationsbedarf.[265]

5.3 Die Wissensausbreitung ermöglichen

Der freie Strom von Ideen, Innovationen und Informationen zwischen Individuen und Gruppen innerhalb der Organisation ist unumgänglich für die Entwicklung des organisationalen Lernens.[266] Dieser Strom oder diese Wissensausbreitung verwirklicht sich im Verteilen des erworbenen Wissens zwischen den Organisationsmitgliedern durch verschiedene Szenarien wie Gespräche, Betrachtungen, Workshops, Konferenzen, Personalversammlungen und Websites.[267]

Die Wissensausbreitung kann auch mittels organisationaler Strukturen wie die Bildung von Teams, gemeinsame Planungszeiten, Nähe zwischen Mitarbeitern, Rundgänge und

---

[260] Vgl. *Zara, O.*, 2003, S. 37 f.

[261] Vgl. ebd., S. 37 f.

[262] Vgl. ebd., S. 37 f.

[263] Vgl. ebd., S. 52 f.

[264] Vgl. ebd., S. 44 f.

[265] Vgl. ebd., S. 44 f.

[266] Vgl. *Collinson, V./ Cook, T.*, 2007, S. 61.

[267] Vgl. ebd., S. 61 und 109.

geplante oder ungeplante Besprechungszeiten unterstützt werden, damit sich u. a. neue gemeinsame Einigungen entwickeln.[268]

Senge

Nach der Anpassung der organisationalen Struktur in den Teams werden der Dialog und die qualifizierte Diskussion institutionalisiert, um letztendlich der Übertragung von Informationen und Wissen zu dienen.[269] In der organisationalen Kultur sollten das Gespräch und die ständige Suche nach der Wahrheit dazu beitragen, dass innerhalb der Organisation der Informations- und Wissensfluss weitergeht, damit alle Organisationsmitglieder ihre Meinungen in einer respektvollen Atmosphäre äußern können.[270] Die organisationale Infrastruktur sollte so angepasst werden, dass Computernetzwerke zum Aufbau und zur Verbesserung der Kontakte zwischen den Organisationsmitglieder beitragen. Diese Kontakte oder Verknüpfungen werden den Informationsfluss vereinfachen und die Wissensausbreitung fördern.[271]

Zara

Gemeinschaftliche und kollektive Arbeit wird durch alle Schritte der AXIO-Matrix gefördert, so dass die Intelligenz und das Wissen der Beteiligten das Endergebnis positiv beeinflussen. Dafür sind Teams, in denen Kollegialität herrscht, die Eckpfeile der notwendigen Änderung der organisationalen Struktur.[272]

Kooperation und ihre zugehörigen Werte (Teilen, Verantwortung und Respekt) sorgen dafür, dass die Wissensausbreitung in einer förderlichen Arbeitsatmosphäre stattfindet. Durch das Teilen werden alle Informationsmitglieder gerne ihr Wissen anderen zugänglich machen; durch die Verantwortung werde nur geprüfte und korrekte Informationen weitergegeben; und durch den Respekt wird keiner überreagieren, wenn Informationen oder Wissen widersprochen wird.[273] *Zara* schlägt einen Marketplace vor, mittels dessen

---

[268] Vgl. *Collinson, V./ Cook, T.*, 2007, S. 61.

[269] Vgl. *Senge, P. u.a.*, 2008, S. 407 – 410.

[270] Vgl. ebd., S. 225 und 246 – 250.

[271] Vgl. ebd., S. 348.

[272] Vgl. *Zara, O.*, 2003, S. 37 – 42.

[273] Vgl. ebd., S. 52 f.

Informationen eingestellt, genommen und bewertet werden können, so dass das Wissen schneller und effektiver verbreitet wird.[274]

5.4 Demokratische Prinzipien ausüben

Ohne Untersuchungsfreiheit, unabhängiges Denken und Gleichheit zwischen den Organisationsmitgliedern wird das organisationale Lernen stark eingeschränkt.[275] Demokratische Prinzipien sind die Eckpfeiler für Organisationen, die für freien Kommunikationsfluss und die Gleichheit und Beteiligung in Entscheidungsfindungsprozessen wie für Kontrollen und Ausgleichsbemühungen, die Minderheiten schützen, sorgen wollen. Daher sind alle Organisationsmitglieder dazu verpflichtet, demokratische Prinzipien auszuüben.[276]

Senge

Die Suche nach der gemeinsamen Vision macht es nötig, dass alle ihre eigene Visionsverstellungen entwickeln, um zum Aufbau einer gemeinsamen Vision beizutragen. Die Beteiligung aller Organisationsmitglieder validiert das Ergebnis dieser Suche und erzeugt gleichzeitig ein starkes Engagement aller Beteiligten. Der traditionell vom Management vorgeschriebene Visionserklärung mangelt es an der demokratischen Komponente, die die Mitarbeiter erst für den Organisationszweck gewinnt.[277]

Das Gespräch als Eckpfeiler der förderlichen organisationalen Kultur sorgt für die Ausübung der demokratischen Prinzipien, denn durch ein kontinuierliches Gespräch werden das Personal Mastery und die gemeinsame Vision entwickelt.[278]

Zara

In den Schritten zwei (Reflektieren) uns vier (Entscheiden) der AXIO-Matrix spielen die demokratischen Prinzipien eine dominante Rolle.[279] Die an der Reflexionssitzung beteiligten Organisationsmitglieder haben die Chance, ihre verschiedenen Meinungen

---

[274] Vgl. *Zara, O.*, 2003, S. 44.

[275] Vgl. *Collinson, V./ Cook, T.*, 2007, S. 62.

[276] Vgl. ebd., S. 62.

[277] Vgl. *Senge, P. u.a.*, 2008, S. 343 – 346.

[278] Vgl. ebd., S. 225.

[279] Vgl. *Zara, O.*, 2003, S. 37 und 41.

auszudrücken und die getroffenen Entscheidungen zu beeinflussen. Die endgültige Entscheidung kann vom Management oder einer größeren Gruppe getroffen werden, je nach dem Problemszenario.[280]

Der Erfolg der Reflexionssitzungen ist abhängig von den verantwortungsbewussten Beiträgen der Beteiligten, so dass jeder einzelne für die kollektiv getroffenen Ergebnisse zu haften bereit ist. Für den erfolgreichen Ablauf der kollektiven Intelligenz innerhalb der Organisation ist die Förderung der Verantwortung zentral, denn sie validiert das Ergebnis der Reflexionssitzungen, insofern die Beteiligten sie sich mit ihm identifizieren.[281]

Kollaborations- und Reflexionsbarrieren können mittels angemessener Kollaborationstechnologien abgebaut werden, damit geographische und zeitliche Grenzen übersprungen werden.[282] Ein Marketplace kann hier nützlich sein, weil er Informationen, die den Organisationsmitgliedern für ihre Reflexionssitzungen hilfreich dein können, zentral und dauerhaft speichert,.[283]

5.5 Die menschlichen Beziehungen pflegen

Das organisationale Lernen wird vom sozialen System beeinflusst, indem die Menschen aufeinander einwirken und so für sich selbst und gegenseitig ihr Lernen aufbauen.[284] Aus diesem Grund müssen die beim organisationalen Lernen beteiligten Prozesse die menschlichen Beziehungen stärken, denn das Lernen basiert auf interpersonellem Wissen und Kollaboration.[285] Solche Beziehungen werden unter dem Begriff Kollegialität zusammengefasst, der, neben der Kooperation, gegenseitigen Respekt und gemeinsame Arbeitswerte fördert.[286]

---

[280] Vgl. *Zara, O.*, 2003, S. 41

[281] Vgl. ebd., S. 39.

[282] Vgl. ebd., S. 37.

[283] Vgl. ebd., S. 43 f.

[284] Vgl. *Collinson, V./ Cook, T.*, 2007, S. 62.

[285] Vgl. ebd., S. 62 und 149.

[286] Vgl. ebd., S. 150.

Senge

Senge schlägt drei Maßnahmen vor, die die menschlichen Beziehungen in der Organisation schützen sollten: Erstens müssen bei Entlassungen oder Betriebsschließungen die betroffenen Mitarbeiter so schnell und ehrlich informiert werden, dass sie ihre gegenwärtige Realitäts- und Visionsverstellungen anpassen können.[287] Zweitens sollten persönliche Kontakte gefördert werden, denn sie verbreiten die gemeinsame Vision. Aus diesem Grund müssen Netzwerke aufgebaut werden, in denen Führungskräfte zugänglich und verfügbar sind und wo sie mit den Mitarbeiten reden, ihnen zuhören und sie beraten können.[288] Drittens merkt *Senge* an, dass die Ausübung der Disziplin der mentalen Modelle einer Person zeigen kann, dass ihre Aktionen auf fehlerhaften Daten oder unvollständigen Annahmen basieren, was negative Gefühle (Betrug, Enttäuschung oder Ärger) verursachen kann. Um diese Gefühle zu verhindern, muss mehr Zeit in einer Dialogsitzung investiert werden.[289]

Auf der kulturellen Ebene sollte Loyalität gegenüber der Wahrheit gefördert werden, denn sie erzeugt zwischen den Organisationsmitgliedern den notwendige Respekt vor den Ideen und Überzeugungen der anderen. Sie macht ihnen bewusst, dass die Suche nach der Wahrheit unterschiedliche Ergebnisse für verschiedene Personen haben kann.[290]

Zara

Die Kollegialität sollte für menschliche Beziehungen in einer Organisation sorgen. Sie kann teilweise durch einen kollaborativen Vertrag gefördert werden, der die Organisationsmitglieder verpflichtet, zur Zusammenarbeit bereit zu sein.[291] Diese Maßnahme sollte durch die entsprechende vorbildlich kollaborative Rolle des Managements ergänzt werden.[292]

---

[287] Vgl. *Senge, P. u.a.*, 2008, S. 255 f.

[288] Vgl. ebd., S. 348 und 353.

[289] Vgl. ebd., S. 277.

[290] Vgl. ebd., S. 246 – 250.

[291] Vgl. *Zara, O.*, 2003, S. 12.

[292] Vgl. ebd., S. 13.

Reflexionssitzungen bieten die geeignete Atmosphäre für die Ausübung der Kollegialität.[293] Da nicht alle Organisationsmitglieder mit der Arbeit in einem kollaborativen Raum vertraut sind, müssen diese Sitzungen von einem qualifizierten Coach geleitet werden. Dafür muss die organisationale Kultur mit drei Werten ergänzt werden: Teilen, Verantwortung und Respekt.[294] Denn die Organisationsmitglieder müssen die Möglichkeit haben, ihre kollaborativen Bemühungen fortzusetzen, sollte ein kollaboratives Intranet eingestellt werden, mit dessen Hilfe sie ihr Wissen kapitalisieren und teilen können.[295]

5.6 Die Erfüllung der Organisationsmitglieder besorgen

Das organisationale Lernen und das organisationale Gedächtnis können weiterentwickelt werden, indem die Organisationsmitglieder Wohlbefinden und Selbsterfüllung innerhalb der Organisation finden, so dass sie nicht gezwungen sind, diese woanders zu suchen.[296] Folglich muss jede Initiative zum organisationalen Lernen dafür sorgen, dass das Streben der Organisationsmitglieder nach bedeutenden Werten und Zielen, Engagement und Verbindungen sowie Wachstumsaspirationen in der Organisation verwirklicht werden kann.[297]

Senge

Die Disziplin des Personal Mastery versucht, die Bedürfnisse der Organisationsmitglieder durch die Ermittlung ihrer prioritären Ziele zu ermitteln. Die traditionellen Motivationsmodelle (Geld, Belohnungen und Angst) sind nicht mehr gültig im Wissensalter, in dem die Menschen auf Aspiration und Inspiration aus sind.[298] Eine Transformation- und Entdeckungsabteilung sollte eingerichtet werden, deren Aufgabe es ist, die lebenslangen

---

[293] Vgl. *Zara, O.*, 2003, S. 37 ff.

[294] Vgl. ebd., S. 51 f.

[295] Vgl. ebd., S. 18.

[296] Vgl. *Collinson, V./ Cook, T.*, 2007, S. 62.

[297] Vgl. ebd., S. 62.

[298] Vgl. *Senge, P. u.a.*, 2008, S. 230 f.

Lernprozesse für die Mitarbeiter furch gezielte Kurse zu fördern.[299] Ebenso sollte die Leistungsbeurteilung so geändert werden, dass sie den Vergleich zwischen der gegenwärtigen Realität des Mitarbeiters und seiner persönlichen Vision berücksichtigt.[300] Durch regelmäßige Besprechungen könnten die neu erworbenen Disziplinen verstärkt werden.[301]

Senge fordert, dass alle Organisationsmitglieder über ihre Vorstellung vom Zweck der Organisation reflektieren, damit die institutionalisierte Wiederholung dieser Übung den Aufbau der gemeinsame Vision schafft. Dafür müsste die gesamte Organisation als eine Anordnung von Gemeinschaften gestaltet werden, deren Mitglieder ein gemeinsames Bekenntnis zur Organisation artikulieren.[302] Dank dieser Konfiguration sollte jede Gemeinschaft in der Lage sein, ihre eigene Vorstellung von gemeinsamer Bedeutung und ihren einzigartigen Beitrag zum Ganzen zu entwickeln, denn letztendlich fördern persönliche Kontakte die Verbreitung einer gemeinsamen Vision.[303]

Die Organisation muss immer loyal gegenüber der Wahrheit bleiben. Die Verpflichtung zur Wahrheit ermöglicht, dass die Mitarbeiteiter ihre persönlichen Visionen an der Unternehmenskultur messen können, um herauszufinden, ob ihre Beziehung zur Organisation sinnvoll ist.[304] *Senge* schlägt weiterhin vor, dass über die eigene Beziehung zur Welt nachgedacht werden muss, um sie eventuell zu ändern. *Senge* hat in dieser Hinsicht drei Einstellungen identifiziert: reaktiv, kreativ und interdependent.[305] Nach der reaktiven Einstellung besteht die Welt aus lauter Kräften, die von außen auf das Individuum einwirken.[306] Die kreative Einstellung macht die Welt nicht für das Schicksal des Individuums verantwortlich, sondern ermutigt das Individuum, zu fragen, wie man selbst zu bestimmten Ereignissen beitragen kann, um die Welt zu ändern.[307] Die interdependente Einstellung gibt dem Individuum das Gefühl, Teil eines größeren Ganzen zu

---

[299] Vgl. *Senge, P. u.a.*, 2008, S. 254 f.

[300] Vgl. ebd., S. 255 f.

[301] Vgl. ebd., S. 258.

[302] Vgl. ebd., S. 244 ff.

[303] Vgl. ebd., S. 247 f.

[304] Vgl. ebd., S. 257 f.

[305] Vgl. ebd., S. 262 – 264.

[306] Vgl. ebd., S. 262.

[307] Vgl. ebd., S. 263.

sein, ohne von ihm verschlungen zu werden. In diesem Sinne gehören die innere Bewusstheit und die äußere Realität zum selben System.[308]

Zara

Reflexionssitzungen bieten die Möglichkeit, die persönlichen Aspirationen zu verwirklichen, insofern die persönliche Bereicherung sich an den kollektiven Zielen ausrichtet.[309] In *Zaras* Modell ist es notwendig, dass die persönlichen Ziele so angepasst werden, dass sie nicht die Interessen der Gemeinschaft während der kollektiven Arbeit blockieren.[310] Dafür ist auch notwendig, dass in der Organisation ein Gefühl der Verantwortung vorherrscht. Dies bedeutet, dass die Person dazu verpflichtet ist, ihren eigenen Ambitionen nachzugehen und gleichzeitig zur Entwicklung der Organisation beizutragen.[311] In diesem Fall muss man manchmal auf eigene Interessen verzichten, wenn die nachhaltige Entwicklung der Organisation es erforderlich macht.[312]

---

[308] Vgl. *Senge, P. u.a.*, 2008, S. 264.

[309] Vgl. *Zara, O.*, 2003, S. 34.

[310] Vgl. ebd., S. 34.

[311] Vgl. ebd., S. 14.

[312] Vgl. ebd., S. 53.

6 Fazit

Nach der Erklärung der Grundlagen des organisationalen Lernens, der Beschreibung der von *Senge* und *Zara* entwickelten Modellen zum organisationalen Lernen und dem Vergleich dieser Modelle gegen die von *Collinson* und *Cook* vorgeschlagenen theoretischen Grundlagen und empirischen Richtlinien zum organisationalen Lernen ist es möglich eine kritische Analyse der Werke von *Senge* und *Zara* durchzuführen. Hierfür werden sowohl die gefundenen Ähnlichkeiten und Unterschiede als auch die Stärke und Schwäche jedes Modell angezeigt und diskutiert.

Als Erstes muss bemerkt werden, dass beide Modelle in der von *Argyris* und *Schön* genannten Lernende-Organisation-Branche eingestuft werden können, weil sie stark präskriptiv und praxisorientiert sind.[313] Nach *Easterby-Smith* und *Lyles* gehören beide Modelle zu der Kategorie der Bekanntmachungsliteratur (engl. *popularizing works*), denn ihr starker Managementfokus macht ihr sichtbarer und attraktiver für die Fachleute.[314] Nach dieser Bemerkung werden die theoretischen Grundlagen und empirischen Richtlinien zum organisationalen Lernen jedes Autors diskutiert.

Das Lernen für alle priorisieren

Senge und *Zara* erkennen in ihren Modellen die mehrstufige Natur des organisationalen Lernens: Individuum, Gruppe und Organisation. Nichtsdestotrotz beschreiben sie nicht die verschiedenen Prozesse und Lernarten, die das Lernen zwischen den Ebenen verbreitet. *Senge* erwähnt isolierte Lernprozesse auf die Individuum- und Gruppenebene

---

[313] Vgl. Argyris, C./ Schön, D., 1999, S. 10 f.
[314] Vgl. Easterby-Smith, M./ Lyles, M., 2007, S. 7.

aber vergisst die organisationale Ebene. *Zaras* Modell enthält keine Prozesse, die die drei Lernebenen verbinden aber liegt viel Wert auf die das Management für die Koordination des mehrstufigen Lernens.

Untersuchung

Beide Modelle betonen das enorme Gewicht der Untersuchung für das organisationale Lernen. Die Arbeit mit mentalen Modellen und Personal Mastery braucht die intensive Förderung der Untersuchung aber nur auf die individuelle Ebene. *Zaras* Modell braucht in drei Schritten der AXIO-Matrix die Ausübung der Untersuchung entweder auf die Individuum-, Gruppe- oder Organisationsebene.

Gemeinsame Einigungen

Senge hat sich wesentlich viel mehr als *Zara* mit dieser theoretischen Grundlage beschäftig, indem eine gesamte Disziplin, die gemeinsame Vision, zu erklären versucht, wie die Mitarbeiter eine tief verwurzelte handlungsleitende Theorie gemeinsam entwickeln können. Einige Ideen von *Zara* lassen implizit erkennen, dass gemeinsame Einigungen im organisationalen Leben existieren können.

Behavioraler und Kognitiver Wandel

Senge identifiziert die binäre Natur des organisationalen Wandels, durch sein eigenes Modell: adaptatives und generatives Lernen. *Zara* sagt nichts zu diesem Thema aber von seinem Ideem kann man verstehen, dass er stark vom behavioralen Wandel beeinflusst wurde.

Einbettung von neuem Wissen

Die Beziehung zwischen Wissen und Lernen wurde von *Senge* nicht erkannt, denn nur in drei Stellen seines Buches wurde die Einbettung von neuem Wissen implizit benannt. Anderseits hat *Zara* in einem vollständigen Schritt der AXIO-Matrix dieses Thema behandelt und hat auch die gegenseitige Beziehung zwischen Wissensmanagement und kollektiver Intelligenz analysiert.

Empirische Richtlinien

Für die Erfüllung der empirischen Richtlinien haben *Senge* und *Zara* grundsätzlich zwei Maßnahmen vorgeschlagen: Teams als die wichtigste organisationele Einheit aufzubauen und die Förderung der Kooperation und Gespräch in der organisationalen Kultur zu unterstützen. Mit diesen Änderungen der organisationalen Struktur und Kultur könnte sich die Organisation so ändern, dass die Organisationsmitglieder ihre Lernfähigkeiten kontinuierlich entfalten. Diese Maßnahmen müssen mit Änderungen in der Informationstechnologie der Organisation ergänzt werden, damit die Effizienz der Organisationsmitglieder steigert. *Senges* Vorschläge zu diesem Punkt sind sehr wenig, denn er fokussiert sich hauptsächlich auf das Individuum. *Zaras* Beiträge sind wichtiger, denn er betont die Relevanz der Technologie im Arbeitsalltag, durch die Benutzung von Wissensmanagementsysteme und kollaborative Intranets (Marketplaces), um das Lernen in Organisationen zu fördern.

Literaturverzeichnis

Argote, Linda: *Organizational Memory*, in Laurance Prusak, Eric Matson (Hrsg.), *Knowledge Management and Organizational Learning. A Reader*, Oxford u.a.: Oxford University Press, 2006, S. 148 – 172

Argyris, Chris: *On Organizational Learning*, 2. Aufl., Cambridge: Blackwell, 1999

Argyris, Chris/ Schön, Donald: *Die lernende Organisation. Grundlagen, Methode, Praxis*, Stuttgart : Klett-Cotta, 1999

Baumgartner, Peter/ Payr, Sabine: *Lernen mit Software*, Innsbruck: Österreichischer Studien-Verlag, 1994

Bäppler, Ellen: *Nutzung des Wissensmanagements im Strategischen Management. Zur interdisziplinaren Verknüpfung durch den Einsatz von IKT*, Wiesbaden: Gabler Verlag, 2008

Bertels, Thomas: *Die lernende Organisation. Modell für das Management des Wandels in Wissensalter*, in Beate Kremin-Buch, Fritz Unger, Hartmut Walz (Hrsg.), *Lernende Organisation*, 3. überarb. und erw. Aufl., Sternefels: Wissenschaft und Praxis, 2008, S. 47 – 99

Collinson, Vivienne/ Cook, Tanya: *Organizational Learning. Improving Learning, Teaching, and Leading in School Systems*, Thousand Oaks u.a.: Sage Publications, 2007

Crossan, Mary/ Guatto, Mary: *Organizational Learning Research Profile*, in *Journal of Organizational Change Management*, 9. Jahrg., Heft 1, 1996, S. 107 – 112

Crossan, Mary/ Lane, Henry/ White, Roderick: *An Organizational Learning Framework: From Intuition to Institution*, in *Academy of Management Review*, 24. Jahrg., Heft 3, 1999, S. 522 – 537

Cyert, Richard/ March, James: *Eine verhaltenswissenschaftliche Theorie der Unternehmung*, 2. Aufl., Stuttgart : Schäffer–Poeschel, 1995

Daft, Richard: *Understanding the Theory and Design of Organizations*, Mason, Ohio u.a.: Thomson South-Western, 2007

Dewey, John: *Logic: The Theory of Inquiry*, New York: Rinehart & Winston, 1938

Dodgson, Mark: *Technology Learning, Technology Strategy and Competitive Pressures*, in *British Journal of Management*, 2. Jahrg., Heft 3, 1991, S. 133 – 149

Easterbay-Smith, Mark/ Lyles, Marjorie: Introduction: Watersheds of Organizational Learning and Knowledge Management, in Mark Easterby-Smith, Marjorie Lyles (Hrsg.) *Handbook of Organizational Learning and Knowledge Management*, Malden u.a.: Blackwell, 2006, S. 1 – 15

Fiol, Marlene/ Lyles, Marjorie: *Organizational Learning*, in *The Academy of Management Review*, 10. Jahrg., Heft 4, 1985, S. 803 – 813

Herndon, Craig: *Peer Review and Organizational Learning. Improving the Assessment of Student Learning*, in: *Research and Practice in Assessment*, 1. Jahrg., Heft 1, 2006

Isaacs, William: *Taking Flight: Dialogue, Collective Thinking, and Organizational Learning*, in *Organizational Dynamics*, 22. Jahrg., Heft 2, 1993, S. 24 – 39

Janis, Irving: *Victims of Groupthink: A Psychological Study of Foreign-Policy Decisions and Fiascoes*, Boston u.a.: Houghton Mifflin, 1972

Jones, Patricia: *Collaborative Knowledge Management, Social Networks, and Organizational Learning*, in: Michael Smith/ Gavriel Salvendy (Hrsg.), *Systems, social and internationalization design aspects of human-computer interaction*, 2001, S. 306 – 309

Klimecki, Rüdiger/ Thomae, Markus: *Organisationales Lernen. Eine Bestandsaufnahme der Forschung*, in: *Management Forschung und Praxis*, 18, Konstanz: Universität Konstanz - Fakultät für Verwaltungswissenschaft, 1997

Lefrançois, Guy: *Psychologie des Lernens*, 4. überarb. und erw. Aufl., Heidelberg: Springer , 2006

Lehner, Franz: *Organisational Memory: Konzepte und Systeme für das organisatorische Lernen und das Wissensmanagement*, München u.a.: Hanser, 2000

March, James/ Simon, Herbert: *Organizations*, 2. Aufl., Cambridge u.a.: Blackwell, 1993

Nonaka, Ikujiro/ Takeuchi, Hirotaka: *The Knowledge-Creating Company. How Japanese Companies Create the Dynamics of Innovation*, New York u.a., Oxford University Press, 1995

Nonaka, Ikujiro/ Takeuchi, Hirotaka: *Die Organisation des Wissens. Wie japanische Unternehmen eine brachliegende Ressource nutzbar Machen*, Frankfurt am Main u.a., Campus Verlag, 1997

Probst, Gilbert/ Büchel, Bettina: *Organisationales Lernen: Wettbewerbsvorteil der Zukunft*, 2.Aufl., Wiesbaden: Gabler, 1998

Oberschulte, Hans: *Organisatorische Intellignez. Ein integrativer Ansatz des organisatorischen Lernens*, München u.a.: Rainer Hampp Verlag, 1994

Rait, Eric: *Against the Current: Organizational Learning* in: Samuel Bacharach/ Bryan Mundell (Hrsg.), in *Images of Schools: Structures and Roles in Organizational Behavior*, California: Thousand Oaks, 1995

Senge, Peter: *The Leader's New Work: Building Learning Organizations*, in *Sloan Management Review*, 32. Jahrg., Heft 1, 1990, S. 7 – 23

Senge, Peter: *Die Fünfte Disziplin. Kunst und Praxis der lernenden Organisation*, Stuttgart: Schäffer-Poeschel, 2008

Senge Peter u.a.: *Das Fieldbook zur Fünften Disziplin*, Stuttgart: Schäffer-Poeschel, 2008

Senge, Peter: *The Fifth Discipline. The Art and Practice of The Learning Organization*, 2. Aufl., New York u.a.: Doubleday, 2006

Schein, Edgar: *Organizational Culture and Leadership*, 3. Aufl., San Francisco: Jossey-Bass, 2004

Shrivastava, Paul: *A topology of organizational learning systems*, in *Journal of Management Studies*, 20. Jahrg., Heft 1, 1983, S. 7 – 28.

Škerlavaj, Miha/ Dimovski, Vlado: *Towards Network Perspective of Intra-Organizational Learning: Bridging the Gap between Acquisition and Participation Perspective*, in *Interdisciplinary Journal of Information, Knowledge, and Management*, 2. Jahrg., Heft 2, 2007, S. 43 – 58

Spender, John-Christopher: *Organizational Knowledge, Learning and Memory: Three Concepts in Search of a Theory*, in *Journal of Organizational Change Management*, 9. Jahrg., Heft 1, 1996, S. 63 – 78

Vera, Dusya/ Crossan, Mary: *Organizational Learning and Knowledge Management: Toward an Integrative Framework*, in Mark Easterby-Smith, Marjorie Lyles (Hrsg.) *Handbook of Organizational Learning and Knowledge Management*, Malden u.a.: Blackwell, 2007, S. 122 – 141

Zimbardo, Philip/ Gerrig, Richard: *Psychologie*, 18. aktualisierte Aufl., München u.a.: Pearson Studium, 2008

Zara, Olivier: *Managing Collective Intelligence. Toward a New Corporate Governance*, (Le management de l'intelligence collective. Vers une nouvelle gouvernance, engl.), übers. von Julie Johnson, Paris: M2, 2004